农民进城务工
指南

田毅敏　主编

中国农业出版社

北 京

图书在版编目（CIP）数据

农民进城务工指南／田毅敏主编．—北京：中国
农业出版社，2018.6
　　ISBN 978-7-109-24234-0

　　Ⅰ.①农…　Ⅱ.①田…　Ⅲ.①农民－劳动就业－中国
－指南　Ⅳ.①D669.2-62

中国版本图书馆 CIP 数据核字（2018）第 116854 号

中国农业出版社出版
（北京市朝阳区麦子店街 18 号楼）
（邮政编码 100125）
责任编辑　刁乾超　李昕昱
文字编辑　张凌云

北京通州皇家印刷厂印刷　　新华书店北京发行所发行
2018 年 6 月第 1 版　　2018 年 6 月北京第 1 次印刷

开本：850mm×1168mm 1/32　　印张：6.75
字数：160 千字
定价：20.00 元
（凡本版图书出现印刷、装订错误，请向出版社发行部调换）

编 委 会

主　编　田毅敏
副主编　王永娟
编　委（按姓名笔画排序）

丁晓霞　于海姣　马晓燕　王月琴
王立红　毛　艳　付海阔　白　菁
冯帅正　朱春晓　刘建军　杨和安
吴华鹏　辛会娟　张长明　郑志文
贾利霞　徐延文　程莉琴

前　言

　　党的十九大报告明确指出："就业是最大的民生。要坚持就业优先战略和积极就业政策，促进农民工多渠道就业创业。使人人都有通过辛勤劳动实现自身发展的机会。"为更好践行十九大精神，提高农民朋友非农就业技能，帮助他们更充分地就业，中国农业出版社组织编写了《农民进城务工指南》。本书是帮助农民朋友了解城市用工种类，学习各工种的知识和技能，实现在城市就业上岗，以及胜任工作岗位的工具书。

　　本书从农民进城务工实际出发，围绕着农民进城务工常见的餐厅服务员、客房服务员、超市收银员、泥瓦工、保安员、家政服务员、快递员、车工钳工八个工种的基本知识和基本技能进行编写。注重职业道德和岗位职责的要求，突出以职业技能为核心，以国家职业标准为依据，结合岗位需求，融入新知识、新技术、新工艺、新方法。

　　本书编写遵照以下几个原则：

　　一是实效性原则。本书主要围绕各工种岗位职责、岗位技能、职业标准，以技能操作和技能培养为主线提出问题、解决问题，使农民进城务工人员能学以致用，学用结合，解决自身工作中遇到的实际问题。

　　二是自主性原则。农民可以根据自身的需求点和问题点，灵活地选取学习内容，进行自主和自我反思式的学习。

三是通俗性原则。本书采用对话的方式，运用最通俗的语言来讲述必要、需要、实用、有用的知识和技能，不过多介绍高深的理论知识，让农民愿意读、能理解、能操作。

本书全篇采用问答式编写模式，分别将八个工种设置成八个模块，每个模块基本上都是按照职业道德、岗位职责、礼仪规范、工作流程、工作技能、职业标准、安全知识七个方面，组织编写内容，设计编写问题，回答问题内容。基于以上七个方面组织的编写内容基本涵盖了实现此工种就业、胜任此工种岗位的全部职业素养。本书在设计编写问题时本着从大处着眼、从小处着手原则，采用点线面结合的方式提出问题，职业道德等内容设计面上的问题，工作流程设计线上问题，工作技能、职业标准等内容设计点上问题，回答问题内容紧扣主题，找准关键点，突破困难点，解决问题点。

本书由田毅敏主编，程莉琴、郑志文、马晓燕、吴华鹏、辛会娟、徐延文、刘建军、白菁、丁晓霞、王永娟、毛艳、张长明、王立红、王月琴、朱春晓、于海姣、杨和安、付海阔、冯帅正参编。

本书在编写过程中得到了北京市延庆区第一职业学校和北京市密云区职业学校的大力支持和帮助，在此一并表示衷心的感谢！

由于时间紧迫，加上我们编水者水平有限，书中不当、不足之处，恳请专家与读者不吝赐教，在此表示万分感谢！

编　者

2018年5月

目　　录

前言

第一章　餐厅服务员 ……………………………………… 1

一、职业素质 ……………………………………………… 1

  1. 餐厅服务员应该具备哪些职业素质？ …………… 1

  2. 餐厅服务员应遵守哪些礼仪规范？ ……………… 2

二、业务技能 ……………………………………………… 3

  3. 铺台布的方法有哪些？ …………………………… 3

  4. 端托托盘的形式和操作要领是什么？ …………… 3

  5. 端托服务应注意什么？ …………………………… 4

  6. 中餐摆台的基本步骤和标准是什么？ …………… 4

  7. 西餐摆台的基本要领是什么？ …………………… 5

  8. 西餐摆台的基本步骤和标准是什么？ …………… 6

三、中餐厅服务 …………………………………………… 7

  9. 中餐厅服务的服务程序是什么？ ………………… 7

  10. 如何做好中餐厅的预订服务？ ………………… 7

  11. 为客人提供点菜服务时需要注意什么？ ……… 8

  12. 上菜服务时需要注意什么？ …………………… 9

  13. 怎样做好席间服务？ …………………………… 9

  14. 如何处理餐厅服务中的特殊问题？ …………… 10

  15. 结账服务时应该注意什么？ …………………… 11

  16. 餐后整理的注意事项有哪些？ ………………… 12

四、西餐厅服务 …………………………………………… 12

  17. 西餐服务的服务程序是什么？ ………………… 12

18. 西餐厅服务的餐前准备应做好哪些工作？ ……… 13

19. 西餐点菜服务应该注意什么？ ……… 14

20. 西餐上菜的顺序是什么？ ……… 14

21. 西餐服务中调整餐具需要注意什么？ ……… 15

22. 西餐服务中撤换餐用具需要注意什么？ ……… 15

23. 西餐服务中如何为客人提供冷热毛巾服务？ ……… 16

24. 西餐服务中如何在客人用餐期间整理台面？ ……… 16

五、日式餐厅服务 ……… 16

25. 日式餐厅有哪些特点？ ……… 16

26. 日式餐厅的服务程序是什么？ ……… 17

27. 日式餐厅服务中的上菜顺序是什么？ ……… 18

六、茶餐厅服务 ……… 18

28. 什么是茶餐厅？茶餐厅有哪些特点？ ……… 18

29. 茶餐厅一般提供哪些餐种和食品？ ……… 19

30. 茶餐厅服务的服务程序是什么？ ……… 19

七、酒水服务 ……… 20

31. 酒水包括什么？ ……… 20

32. 酒水服务需要做好哪些准备工作？ ……… 21

33. 怎样开启酒水？ ……… 21

34. 什么时候开启酒水？ ……… 22

35. 如何为客人提供斟酒服务？ ……… 22

八、撤换餐具用具 ……… 23

36. 如何撤换菜品？ ……… 23

37. 如何撤换骨碟？ ……… 23

38. 如何撤换汤碗、汤匙？ ……… 23

39. 如何撤换酒具？ ……… 24

40. 如何撤换小毛巾、口布和台布？ ……… 24

第二章　酒店和宾馆服务员 ·················· 25

一、职业素质 ····································· 25

41. 酒店服务员应具备的职业道德有哪些? ········· 25

42. 饭店服务意识的核心指什么? ·················· 25

43. 客房服务员上班为什么要穿制服、佩带名牌? ····· 25

44. 客房服务礼貌用语有哪些类型? ················ 26

45. 客房服务员在服务中应做到哪"三轻"? ········· 26

46. 客房服务员引领客人时应注意哪些礼节? ········ 26

47. 客房服务员进入客人房间时应注意哪些礼节? ····· 27

48. 客房服务员在为宾客打扫房间时应
注意哪些礼节? ····························· 27

49. 客房中心服务员的岗位职责是什么? ············ 27

50. 楼面服务员的岗位职责是什么? ················ 27

51. 楼面主管的岗位职责是什么? ·················· 28

52. 楼层领班的岗位职责是什么? ·················· 29

53. 客房部对客服务过程包括哪四个阶段? ·········· 29

54. 客人抵店前应做好哪些准备工作? ·············· 29

55. 迎宾工作的操作程序及标准是什么? ············ 30

56. 迎接宾客有哪些注意事项? ···················· 31

57. 客人抵达,送毛巾、送茶服务操作程序及
标准是什么? ······························· 31

58. 来访客人送茶水服务操作程序、标准和
注意事项是什么? ··························· 32

59. 客人送洗衣服有几种方式? ···················· 33

60. 宾客离店前应做好哪些准备工作? ·············· 33

61. 宾客离店时应做好哪些送别工作? ·············· 33

二、业务技能 ····································· 34

62. 酒店服务员做床服务前应进行哪些准备? ········ 34

63. 中式做床一般分为哪几个步骤? ………… 34

64. 客房服务员在进行客房清洁时如何
检查房内设施? ………… 35

65. 客房服务员在抹尘、补用品时应做好哪些工作? … 35

66. 客房服务员如何清理卫生间? ………… 35

67. 清扫房间时发现遗留物应怎样处理? ………… 36

68. 如何进行失物处理与失物认领? ………… 36

三、一般清洁器具和清洁剂的使用常识 ………… 37

69. 清扫的四种方法及具体内容是什么? ………… 37

70. 簸箕的操作分为哪三种? 其适用范围是什么? … 37

71. 通常在什么地方使用垃圾桶? ………… 38

72. 尘拖的操作方法是什么? ………… 38

73. 客房服务员使用工作车时应注意哪些问题? …… 38

74. 吸力式吸尘器的操作方法及注意事项是什么? … 39

75. 客房湿热消毒有哪些方法? ………… 40

76. 客房干热消毒有哪些方法? ………… 40

77. 常用化学消毒法有哪些? ………… 40

78. 常用的化学消毒剂溶液有哪几种?
消毒作用和应用范围是什么? ………… 41

79. 酒店常用的杀虫、杀菌剂有哪些?
其用途是什么? ………… 43

80. 酒店常使用的上光剂有哪些? 其用途是什么? … 43

81. 酒店常使用的溶剂有哪些? 其用途是什么? … 44

四、客房知识 ………… 44

82. 客房的基本种类有哪些? ………… 44

83. 客房清洁卫生质量标准从感官角度来说
有哪些方面? ………… 45

84. 客房服务的质量标准与要求是什么? ………… 46

85. 优秀的客房服务员必须具备哪些条件? … 46

86. 客房个性化服务指什么？ ……………………………… 47

87. 酒店常见火灾报警装置包括哪三种？ ………………… 47

88. 楼层客房发生火灾，有哪些应急措施？ ……………… 48

五、功能区知识 ……………………………………………… 49

89. 酒店大堂最基本的功能分区是什么？ ………………… 49

第三章　超市收银员 ……………………………………… 50

一、职业素质 ………………………………………………… 50

90. 超市收银员上岗应具备哪些条件？ …………………… 50

91. 超市收银员的仪容仪表有哪些基本要求？ …………… 50

92. 超市收银员的举止态度有哪些基本要求？ …………… 51

93. 超市收银员接待顾客的基本用语有哪些？ …………… 51

94. 超市收银员有哪些工作纪律需要遵守？ ……………… 52

95. 超市收银员在工作时间如果需要离开收银台，
　　有哪些请假程序？ …………………………………… 53

96. 收银员的哪些行为被视同盗窃行为？ ………………… 53

97. 顾客的盗窃行为有哪些？ ……………………………… 54

98. 顾客盗窃行为的处罚措施有哪些？ …………………… 54

99. 超市收银员有哪些方法可以协助超市防盗？ ………… 54

100. 收银员如何应对超市突发事故？ …………………… 55

二、业务技能 ………………………………………………… 56

101. 超市收银员岗位职责有哪些？ ……………………… 56

102. 收银机有哪几部分组成？ …………………………… 57

103. 现金结算流程是怎样的？ …………………………… 58

104. 信用卡结算流程是怎样的？ ………………………… 58

105. 支票结算收银作业流程是怎样的？ ………………… 59

106. 购物卡结算收银作业流程是怎样的？ ……………… 60

107. 支付宝结算的收银作业流程有哪些？ ……………… 60

108. 微信结算的收银作业流程有哪些？ ………………… 61

109. 超市收银员上机前要做好哪些准备工作？ ……… 61

110. 超市收银员上机后要做好哪些准备工作？ ……… 61

111. 超市收银员离岗前要做的工作有哪些？ ……… 62

112. 你知道识别假币的各种方法吗？ ……………… 64

113. 会员卡扫描录入有哪些注意事项？ …………… 64

114. 商品扫描应遵循哪些原则？ …………………… 65

115. 超市收银员快速扫描商品有哪些技巧？ ……… 66

116. 商品消磁解扣的方法有哪些？ ………………… 66

117. 商品装袋有哪些注意事项？ …………………… 67

118. 商品金额结算有哪些流程？ …………………… 68

119. 商品退换及退换原则有哪些？ ………………… 68

120. 商品退换程序有哪些？ ………………………… 69

三、为顾客提供咨询服务 ……………………………… 69

121. 顾客经常询问的问题有哪些？ ………………… 69

122. 遇到顾客投诉时，超市收银员一般的
解决办法有哪些？ ……………………………… 70

四、现金管理 …………………………………………… 71

123. 备用金的管理规定有哪些？ …………………… 71

124. 收银员领取备用金需要怎样的程序？ ………… 72

125. 营业现金和票据的清点及上缴工作流程是什么？ … 73

五、做好推广促销活动 ………………………………… 73

126. 超市促销活动类型有哪些？ …………………… 73

127. 如何设计超市促销活动？ ……………………… 74

第四章　泥瓦工 ………………………………………… 75

一、泥瓦工的基本要求 ………………………………… 75

128. 什么是泥瓦工？ ……………………………… 75

129. 泥瓦工的安全知识有哪些？ …………………… 77

130. 泥瓦工的岗位职责是什么？ …………………… 78

131. 砌筑砂浆的材料要求是什么？…………………… 79

132. 砂浆制备与使用原则有哪些？…………………… 79

133. 施工前应做技术准备有哪些？…………………… 80

134. 施工前作业条件准备有哪些？…………………… 80

135. 施工前材料及机具准备有哪些？………………… 81

136. 什么叫砖墙的组砌方式？应满足什么要求？…… 81

137. 砌筑的方法有哪些？……………………………… 82

138. 常见的墙体砌筑方式有哪些？…………………… 83

139. 如何进行砖基础的组砌？………………………… 83

二、防水 …………………………………………………… 84

140. 防水的分类有哪些？……………………………… 84

141. 屋面防水等级和设防要求是什么？……………… 84

142. 防水材料有哪些？………………………………… 85

143. 地下室防水的主要形式有哪些？………………… 86

144. 防水混凝土结构自防水的施工步骤有哪些？…… 86

145. 刚性防水的施工方法有哪些？…………………… 86

146. 地下室卷材防水施工的方法有哪些？…………… 87

147. 地下室涂膜防水的施工步骤有哪些？…………… 88

148. 屋面防水卷材的铺贴方向有哪些要求？………… 88

149. 高聚物改性沥青防水卷材的施工方法有哪些？… 88

三、地面找平 ……………………………………………… 89

150. 地面找平的种类及施工工艺有哪些？…………… 89

四、房屋结构改造 ………………………………………… 89

151. 房屋结构拆改应该遵循的原则有哪些？………… 89

五、铺贴瓷砖 ……………………………………………… 90

152. 楼地面贴瓷砖的作业要求有哪些？……………… 90

153. 地面铺贴瓷砖的工艺流程及注意事项是什么？… 90

六、其他技能 ……………………………………………… 91

154. 装饰装修工程的作用是什么？…………………… 91

155. 抹灰分为哪几类？一般抹灰分几级，
　　具体要求如何？ ……………………………… 91

156. 水磨石、水刷石、干粘石、剁假石的施工
　　工艺及要点有哪些？ ……………………… 91

157. 裱糊施工的作业条件有哪些？ …………… 93

158. 裱糊施工的作业条件及要点有哪些？ …… 94

159. 涂料施工作业程序及要求有哪些？ ……… 94

第五章　车工钳工 ………………………………… 96

一、基本技能 …………………………………… 96

160. 如何识读零件图？ ………………………… 96

161. 你知道图纸中公差标注的含义吗？ ……… 98

162. 目前在钳工、车工工种中常用的量具有哪些？
　　怎样使用？ ………………………………… 100

163. 你了解常用的金属材料吗？ …………… 102

164. 如何改变钢铁材料切削加工性能？ …… 105

二、钳工 ……………………………………… 107

165. 常用的钳工工具有哪些？ ……………… 107

166. 钳工的工作内容有哪些？工作要领是什么？ … 110

167. 如何进行机械装配？ …………………… 114

三、车工 ……………………………………… 117

168. 车床可以加工什么零件？ ……………… 117

169. 车工需要掌握哪些技能？ ……………… 119

170. 车刀有哪些种类？ ……………………… 123

第六章　保安员 ………………………………… 128

一、职业素质 ………………………………… 128

171. 保安员应具备的职业道德有哪些？ …… 128

172. 保安员应具备的基本素质有哪些？ …… 129

173. 保安员应具备的职业素养有哪些? ……………… 129

174. 保安员的岗位职责有哪些? ………………… 130

175. 保安员的行为规范有哪些? ………………… 131

176. 保安员需掌握哪些急救常识? ……………… 132

177. 抢救过程中, 还要做好哪几个方面的工作? …… 133

178. 保安员需掌握哪些现场保护常识? ………… 133

179. 保安员需掌握哪些消防安全常识? ………… 134

180. 常见火灾有哪几种? ………………………… 135

181. 常见的灭火器及使用方法有哪些? ………… 135

182. 基本的灭火方法有哪些? …………………… 136

183. 火灾现场基本的逃生技巧有哪些? ………… 137

二、企业保安 ……………………………………… 138

184. 企业保安应具备的职业道德有哪些? ……… 138

185. 企业保安门卫工作职责有哪些? …………… 138

186. 企业保安巡逻工作职责有哪些? …………… 139

187. 企业保安监控室岗位职责有哪些? ………… 139

188. 企业保安停车场岗位职责有哪些? ………… 140

189. 企业保安应掌握哪些应急处理常识? ……… 140

三、门卫保安 ……………………………………… 141

190. 门卫保安的岗位职责有哪些? ……………… 141

191. 门卫保安工作的基本要求是什么? ………… 142

192. 门卫保安需掌握哪些应急情况处理方法? …… 143

四、社区保安 ……………………………………… 144

193. 社区保安的工作内容有哪些? ……………… 144

194. 社区保安员门卫岗位职责是什么? ………… 145

195. 社区保安员监控室工作内容是什么? ……… 146

196. 社区保安员巡逻工作重点有哪些? ………… 146

197. 社区保安员应如何做好车辆管理工作? …… 146

五、学校保安 ……………………………………… 147

198. 学校保安员的岗位职责是什么？ ……………………… 147

199. 学校保安门卫工作职责有哪些？ ………………………… 147

200. 学校保安巡逻工作有哪些？ …………………………… 148

201. 学校保安监控室工作职责有哪些？ …………………… 149

第七章　家政服务员 ………………………………………… 150

一、职业素质 ……………………………………………… 150

202. 家政服务员岗位职责是什么？ ………………………… 150

203. 家政服务员做好本职工作应具备什么样的
职业心态？ ………………………………………………… 150

204. 家政服务员应具备的基本职业道德有哪些？ ……… 151

205. 家政服务员待人接物应讲究哪些基本礼仪？ ……… 153

206. 家政服务员言谈举止应注意哪些基本礼仪？ ……… 154

207. 家政服务员着装注意事项有哪些？ ………………… 155

208. 在雇主家接电话的礼仪有哪些？ …………………… 155

209. 家政服务员工作时应遵循什么样的工作原则？ …… 156

210. 家政服务员每天的基本工作流程是什么？ ………… 157

二、业务技能 ……………………………………………… 157

211. 家政服务员的主要工作内容有哪些？ ……………… 157

212. 家政服务员需要具备哪些基本职业技能？ ………… 158

213. 家政服务员应掌握哪些中餐烹饪技能？ …………… 158

214. 老年人的健康饮食原则是什么？ …………………… 158

215. 制订老年人食谱的原则是什么？ …………………… 160

216. 如何给老年人做合理的营养餐？ …………………… 160

217. 给老年人烹煮食物时应注意什么？ ………………… 161

218. 孕妇健康饮食原则是什么？ ………………………… 161

219. 产妇健康饮食原则是什么？ ………………………… 163

220. 孕妇如何做到合理营养？ …………………………… 163

221. 产妇如何做到合理营养？ …………………………… 164

222. 婴幼儿健康饮食原则是什么? ……………………… 164

223. 婴幼儿如何做到合理营养? ………………………… 166

224. 婴幼儿辅食添加的原则是什么? ………………… 167

225. 使用天然气灶（或燃气灶）时需要注意什么? …… 167

226. 在烹煮牛、羊肉时应注意什么? ………………… 168

227. 烹煮家禽时应有哪些注意事项? ………………… 169

228. 如何炖制鸡汤? …………………………………… 170

229. 如何烹制鱼类菜肴? ……………………………… 170

230. 速发面有哪些窍门? ……………………………… 171

231. 煮饺子时有哪些注意事项? ……………………… 172

232. 怎样煲出色泽澄清的高汤? ……………………… 173

233. 煲汤和炖汤的区别? ……………………………… 173

234. 如何做好厨房的清洁卫生工作? ………………… 173

235. 如何做好餐厅的清洁卫生工作? ………………… 174

236. 如何做好卧室的清洁卫生工作? ………………… 175

237. 如何做好卫生间的清洁卫生工作? ……………… 175

238. 洗衣服时要注意哪些事项? ……………………… 176

239. 熨烫衣服时要注意哪些事项? …………………… 176

240. 常用理发工具有哪些? …………………………… 176

241. 电推子的使用维护有哪些注意事项? …………… 178

242. 剪刀的正确使用及维护应注意哪些问题? ……… 178

243. 家政服务员为雇主家人提供理发服务时
应注意什么? ……………………………………… 179

244. 男士寸发的理发步骤是什么? …………………… 179

245. 女士短发的理发步骤是什么? …………………… 179

第八章　快递员 ……………………………………………… 181

一、职业素质 ………………………………………………… 181

246. 快递员应具备的职业素养有哪些? ……………… 181

247. 快递员应遵守哪些礼仪规范? ……………… 181

248. 快递员的岗位职责有哪些? ……………… 182

249. 快递员应具备的知识和技能有哪些? ……… 182

250. 如果想成为一名快递员,面试时如何进行
自我介绍? ……………………………… 183

二、取件 ………………………………………… 183

251. 取件前,快递员应做好哪些准备工作? …… 183

252. 快递员上门取件的工作流程是什么? ……… 183

三、送件 ………………………………………… 184

253. 快件派送中有哪些职业规范? …………… 184

254. 如果客户需要将快件送至家中,快递员应
注意哪些事项? ………………………… 184

255. 快递员送货过程中如果遇到蛮不讲理的
客户怎么办? …………………………… 184

256. 无法正常投递的快件应该如何处理? ……… 185

257. 将快件交付给收件人指定的收货方后,
快递员要做好什么? …………………… 185

258. 在快件签收时,快递员要注意哪些细节? … 185

259. 快件被签收后,快递员要做好什么? ……… 186

260. 快件派送后要注意哪些规范? …………… 186

261. 经客户同意放到临时接收点的快件丢失后,
快递员接到客户的质问电话时应该怎样做? … 187

262. 在快件交接过程中快递员应注意什么问题? … 187

四、快件的分拣 ………………………………… 187

263. 什么是快件分拣? ……………………… 187

264. 什么是订单别拣取? …………………… 187

265. 什么是批量拣取? ……………………… 188

266. 什么是复合拣取? ……………………… 188

267. 无自动化设备的快递公司如何完成

分拣这道工序？ ……………………………… 188

268. 有自动化设备的快递公司如何完成
分拣这道工序？ ……………………………… 189

269. 快递员在收取快件后如何进行分拣？ ………… 189

270. 快递员在派送快件前如何进行分拣？ ………… 190

五、安全 …………………………………………………… 190

271. 快递员在取、送件过程中怎样做到行车安全？ …… 190

272. 快递员利用非机动车收派快件时要
注意哪些事项？ …………………………… 190

273. 快递员利用机动车收派快件时要
注意哪些事项？ …………………………… 190

274. 快递员如何保证快件的安全？ ………………… 191

275. 快递员如何保障快件信息的安全？ …………… 191

276. 快递员如何保障自身的人身安全？ …………… 191

主要参考文献 ……………………………………………… 192

附录 ……………………………………………………… 193

附录一　图纸幅面及格式 ………………………… 193

附录二　制图工具 ………………………………… 194

附录三　三视图的形成与投影规律 ……………… 194

第一章　餐厅服务员

一、职业素质

1. 餐厅服务员应该具备哪些职业素质？

餐厅服务员应该具有以下职业素质：

第一，良好的职业道德。餐厅服务员应有很强的事业心和责任心，遵纪守法，忠于职守，爱岗敬业，精通业务，树立"宾客至上"的服务意识，能够做到文明礼貌，热情待客。

第二，良好的服务态度。餐厅服务员应具有主动、热情、耐心、周到的服务态度。在工作中应时时处处为客人着想，微笑服务，热情服务，不急躁、不厌烦，能时刻关注客人的用餐情况，为客人提供主动、周到的服务。

第三，较强的综合能力。餐厅服务员应具有较强的语言表达能力、观察能力、记忆能力、应变能力、推销能力、团队合作能力及良好的心理素质。

第四，丰富的专业知识。餐厅服务员应熟知员工守则、职业道德、礼节礼貌、服务心理、餐厅安全与卫生、食品营养与卫生、烹饪常识等基础知识，还应了解各国各地的地理、历史、习俗、礼仪等知识及周边的景点、交通、购物等信息。

第五，过硬的专业技能。餐厅服务员应熟练掌握餐厅服务中所需要的端托、摆台、迎宾、点菜、上菜、酒水服务、撤换餐具、结账等餐厅服务技能，为客人提供专业的服务。

第六，良好的职业习惯。餐厅服务员应将餐饮行业的职业要求作为习惯来培养，使自己具有良好的文明礼貌习惯、守时习惯、保持个人卫生清洁的习惯、为他人服务的习惯及吃苦耐劳的习惯等。

第七，良好的身体素质。良好的身体素质是做好餐厅服务工作的基本保证。餐厅服务员应具有健康的身体，无传染性疾病，并按规定参加健康体检。平时应注重体育锻炼，增强身体素质。

2. 餐厅服务员应遵守哪些礼仪规范？

餐厅服务员在服务工作中应遵守以下礼仪规范：

（1）仪容仪表　仪容仪表的基本要求是干净、整洁、得体。工作中应按规定着装，戴正工号牌，面容整洁，发型符合餐厅要求，手、指甲干净，鼻毛不外露。要勤洗澡、勤理发、勤剪指甲、勤换洗衣物，避免身上有异味。女服务员应淡妆上岗，避免浓妆。在工作之前不饮酒，不吃生蒜、生葱、生洋葱、生韭菜、臭豆腐等带有异味的食物。

（2）行为举止　服务员在工作中要站有站相，坐有坐样，行走自如，保持得体的仪态，并提供微笑服务。工作中要做到"三轻"，即说话轻、走路轻、操作轻。在宾客面前不准吸烟、吃东西，双手不得插入衣裤袋或随意乱放，站立时不要双手交叉抱在胸前，也不要双手插腰。服务中不可梳妆打扮、修指甲、剔牙、摸脸、擦眼、搔头、抠鼻、抓痒、伸懒腰等。

（3）服务语言　服务员对客人应该用"您"称呼，以体现出对客人的恭敬与尊重。要习惯用文明礼貌用语十一字，即：请、您、您好、谢谢、对不起、再见。要用好服务五声，即客来有迎声、客问有答声、工作失误有道歉声、受到帮助有致谢声、客人走时有送别声。在服务中要杜绝说"四不讲"，即：不讲粗话、不讲脏话、不讲讽刺话、不讲与服务无关的话。

（4）接听电话　应在电话铃响三声之内接听电话，如果四声之后接电话，首先要说一声："对不起，让您久等了。"接到电话后，首先要自报家门，例如："您好！这里是××餐厅，请问您有什么需要吗？"重要的事情要随时记录、确认，并要注意结束语要使用礼貌用语。接到打错的电话，不要责怪对方，要客气地说："对不起，您打错了。我们这里是××餐厅。"

二、业务技能

3. 铺台布的方法有哪些？

台布是餐厅摆台的必需品。铺放台布时，台布不能接触地面，同一餐厅内台布的凸缝横、竖铺放时都要统一朝向，铺好的台布应平整无皱纹。铺放台布的方法一般有抖铺式和推拉式两种。

（1）抖铺式　双手将台布打开，平行打折后将台布提拿在双手中，身体呈正位站立式，利用双腕的力量，将台布向前一次性抖开并平铺于餐台上。这种方法多用于宽大的餐厅。

（2）推拉式　用双手将台布打开后放至餐台，将台布贴着餐台平行推出去再拉回来。这种方法多用于地方窄小的餐厅。

4. 端托托盘的形式和操作要领是什么？

端托托盘是将码放各种物品的托盘端托在左手掌上为宾客进行服务的方法。端托的形式有轻托和重托两种。轻托是指托盘里摆放的东西质量比较轻，在 5 千克以下；重托指托盘里摆放的物品质量比较重，在 5 千克以上。

轻托的操作要领为：用左手托盘，五指自然分开，手掌心不与托盘底相接触，手臂自然弯曲成 90°，平托于胸前。

重托的操作要领为：左手托盘，五指自然分开，左手向上弯曲，手肘离腰部约 15 厘米；小臂与身平行，掌心向上，掌略高于肩 2 厘米；五指和掌根掌握托盘平衡，并使托盘重心落于掌心或掌心稍里侧。

5. 端托服务应注意什么？

首先，端托服务时应保证姿势正确。起托时，服务员应站在距操作台 30 厘米处（以身高调整距离），双脚分开，双腿屈膝，腰与臂呈垂直下坐势，上身略向前倾站稳，伸出左手，掌心向上，指尖向前与操作台平行，伸出右手拉拿托盘的边沿，将托盘移向左手掌及小臂处，待托实后，双脚并拢并收回右手，同时身体恢复直立。托盘起托后，大臂呈垂直状，大臂与小臂呈直角，使托盘置于身体左侧胸前。端托时，要做到站稳、端平、托举到位、高矮适中。

其次，要注意卫生。轻托时，所托物品要避开自己的鼻口部位，端托中需要讲话时，应将托盘托至身体的左外侧，避开自己的正前位。重托时，端托姿势要正确，不可将所托物品贴靠在自己的头颈部位。

再次，要注意端托安全。端托时，左手端托，右手下垂，除了起托和落台时右手扶托外，禁止右手扶托，否则不仅不雅观，还会遮挡视线，造成安全隐患。端托过程中，目光应平视前方，切勿只盯着托盘。端托服务中需拿取所托物品时，应做到进出有序，确保所托物品的均衡。需用托盘垫布时，应将垫布置于托盘正中，四角下垂应相等。

6. 中餐摆台的基本步骤和标准是什么？

中餐摆台要根据餐厅的布局，定好座位，铺好台布，餐具花纹、图案对正，物品距离均匀，清洁卫生，整齐划一。摆台的基本步骤和标准如下：

（1）铺台布　铺放台布时，要求在同一餐厅内餐台台布的凸缝横、竖铺放时都要统一朝向，方桌台布中心与桌面中心重合，四角垂下长度相等。在铺圆桌台布时，站在主人位，用抖铺式或推拉式方法铺台布。要求台布正面朝上，一次到位，台布十字折线居中，不偏斜；台布骨缝朝上，对准正副主人餐位；台布四角下垂均匀，一般以 20～30 厘米为宜，下垂四角与桌腿平行，与地面垂直。

（2）摆放转盘 一般 8 人以上圆形餐台应摆放转盘，转盘居中摆放，与餐台同心，摆放后要检查转盘旋转是否灵活。

（3）摆餐具 摆台用的餐具有骨碟、汤碗、筷子、牙签盅、水杯和其他辅助餐具、酒具，操作时使用托盘，从主人位置开始，按顺时针方向依次摆放。圆形餐台摆放餐具的顺序和方法是：

①摆骨碟。从主人位开始摆，骨碟摆在餐位正中，距离桌边一手指左右，每个骨碟之间距离均等。

②摆汤碗、汤勺。汤碗摆在骨碟的左前方，汤勺摆在汤碗中，勺柄向左。

③摆筷架、筷子。筷架摆在骨碟的右侧，筷子摆在筷架上，筷柄距桌面一手指左右。

④摆水杯。水杯摆在骨碟正前方，距骨碟约 2 厘米。

⑤摆茶具。茶碟摆放在筷子右侧 1 厘米处，下沿距桌边一手指左右，茶杯反扣在茶碟内，杯耳朝右，与筷架平行。

⑥摆餐巾花。将折叠好的餐巾花插入杯中或放入盘中。

⑦围椅。从主人位开始，将餐椅正对餐位摆放整齐，椅子之间距离相等，与桌边相距 1.5 厘米。

7. 西餐摆台的基本要领是什么？

西餐摆台的基本要领是：装饰盘或叠好的餐巾摆放于餐位正中，左叉右刀，刀刃向左，餐具与菜肴相配，根据饮用酒水的种类决定摆放酒杯的数量和种类，通常西餐宴会摆三种杯具，分别是水杯、红葡萄酒杯和白葡萄酒杯。餐台中央及其他装饰应亮丽悦目，摆放好胡椒盅、盐盅及烛台等物品。

8. 西餐摆台的基本步骤和标准是什么？

西餐摆台的基本步骤和标准是：

（1）铺台布　站立在长台中间的位置，将台布打开，用推拉式的方法铺台布。要求台布正面凸缝向上，台布之间中心线对正，台布压贴的方法和距离一致，下垂均匀，平整美观。

（2）摆放装饰盘　一般使用直径约 33 厘米的装饰盘，要求摆放均匀，盘边距离餐台边约 2 厘米。

（3）摆放刀、叉、匙　用托盘托起刀、叉、匙，由里向外摆放。摆放时拿餐具手柄，注意餐具上不能留手指印。在装饰盘右侧由里向外依次摆放餐刀、汤匙，刀口朝盘，汤匙与餐刀平行。在装饰盘左侧摆放餐叉，叉尖向上。餐具距餐台边 2 厘米，距装饰盘 1 厘米。甜品叉、匙摆放在装饰盘前方，平行摆放，甜品匙靠近展示盘，匙柄向右，距离装饰盘 1 厘米，甜品叉摆在甜品匙外侧，叉柄向左，距甜品匙 1 厘米。

（4）摆面包盘、黄油刀　面包盘摆放在餐叉的左侧，使面包盘的中心与装饰盘的中心在一条直线上，面包盘距餐叉 1 厘米。将黄油刀置于面包盘右侧 1/3 处，刀刃向左，刀柄向下，悬空部分相等。如果放黄油盘，则摆放在面包盘上方，使黄油盘的左侧与面包盘的中心线在一条直线上，距黄油刀 3 厘米。

（5）摆酒具　将水杯摆在餐刀正上方约 1 厘米处。如果摆放其他酒杯，则将红酒杯摆在水杯右后方，白酒杯摆在红酒杯右后方，杯子之间相距 1 厘米，并成一条直线，与餐台边约成 45 度角。

（6）摆公共用具　将花瓶摆放于餐台正中，将胡椒盅、盐盅等摆放在餐台靠中心或餐厅规定的位置。如果是晚餐，则需将烛台摆放于台布中线花瓶的左右两侧，距花瓶 20 厘米。

三、中餐厅服务

9. 中餐厅服务的服务程序是什么？

中餐厅服务的服务程序一般为：

（1）餐前准备　服务员应有条不紊地做好环境准备、物品准备、心理准备、仪容仪表准备及个人卫生准备。

（2）预订服务　在接受客人预订时，要认真倾听，了解客人需求，征求客人意见，并准确做好记录。

（3）迎宾服务　微笑问候并确认客人是否有预订，主动引领客人到位后，为客人拉椅让座，递送菜单并斟倒茶水。

（4）点菜服务　为客人送上菜单，认真倾听、回答客人询问，适时为客人介绍菜肴特点、提供建议，准确记录并确认。

（5）酒水服务　根据客人所订酒水的品种，送上合适的杯具，并当着客人的面示瓶、开瓶，为客人斟倒第一杯酒。

（6）上菜服务　按餐厅规定、服务程序及客人用餐情况和要求，为客人提供上菜服务。

（7）席间服务　菜肴上桌后，服务员视情况，主动为客人提供席间服务。

（8）结账服务　客人用餐后期，准备好客人的账单并认真核对，客人提出结账后及时、准确为客人结账。

（9）送客服务　客人用餐结束欲起身离开时，主动协助拉椅并提醒客人带好随身物品，热情礼貌地与客人告别，并表示欢迎客人再次光临。

（10）餐后整理　客人离开餐厅后，在不影响其他就餐客人的前提下进行收拾餐具、整理餐桌、摆台等餐后整理工作。

10. 如何做好中餐厅的预订服务？

要做好中餐厅的预订服务，需要注意：

（1）预订服务应体现服务的主动性　在预订服务中，服务员应及时接听电话、主动礼貌地问候客人、主动询问客人需求、主动复述确认等，以良好的服务态度尽量满足客人的需求。要避免出现接听电话不及时、不使用礼貌用语、无法满足客人要求时立即回绝（应提出替代性建议）、对客人的预订没有进一步确认、对客人的具体要求不做详细记录等现象。

（2）预订餐位应强调时间的重要性　在实际工作中，常常出现客人预订后未按约定时间到达、客人预订后不来就餐、客人用餐时间超出预计的时间而影响到其他客人不能按时就餐的现象。因此，餐厅在为客人预订餐位时，应强调时间的重要性，主动告诉客人为其保留座位的时间期限，超过保留期限的餐位会让给其他客人使用。

（3）更改客人的预订需求要征得客人同意　餐厅如遇特殊情况需要更改客人预订的时间和地点，要事先征得客人同意，更改后的标准和条件应有一定的优惠，并达到客人的要求。

（4）约定时间内必须为客人保留餐位　预订是对订餐客人的一种承诺，体现了餐厅的诚信，餐厅不能随意更改预订内容或不履行预订承诺，在约定的时间内必须为预订客人保留餐位。

11. 为客人提供点菜服务时需要注意什么？

为客人提供点菜服务时，需要注意：

（1）服务员应熟知餐厅的特色菜、招牌菜、时令菜、畅销菜及各种菜点的烹调方法、口味特点等，便于介绍、推销。

（2）应遵循尊重客人的原则为客人提供点菜服务。如果客人要求服务员协助点菜，服务员必须站在客人的需求和喜好的角度去安排菜品，待客人最后确认后方可通知厨房。

（3）客人所点菜肴过多或有重复时，要及时提醒客人。

（4）如客人所点菜肴是菜单上没有的或已经销售完的，要积极与厨房取得联系，尽量满足客人的需要或介绍其他相应的菜肴。

（5）如果客人所点菜肴制作时间较长，要主动向客人解释，告诉客人等待时间。

（6）如果客人需要赶时间，要主动推荐一些快捷易做的菜肴。

（7）对客人的特殊要求要标注清楚，并尽量满足客人。

12. 上菜服务时需要注意什么？

为客人提供上菜服务时需要注意：

（1）服务员要根据客人所点菜肴备好相应的佐料和服务用具。

（2）掌握上菜节奏：第一道凉菜应在客人点餐后 5 分钟之内送至餐桌，凉菜吃到一半时上热菜。大桌菜肴道数较多，要求热菜在 30 分钟左右上完，小桌 20 分钟上完，烹制时间较长的菜肴应告知宾客。

（3）如果客人有特殊要求，应尽量满足。

（4）上菜时要注意：应端平走稳，轻拿轻放，忌推和蹭；注意盘底、盘边要干净；上带汤汁的菜肴应双手送至餐桌上，以免洒在客人的身上；手指不要抠入盘中。

（5）当所有菜肴上完后，应礼貌地告知客人。

13. 怎样做好席间服务？

要做好席间服务，需要注意：

（1）及时为客人更换使用过的餐具，随时保持餐桌、转盘的整洁。撤换时要注意端托安全，不要发出响声；用过的餐具和干净的餐具要严格分开，防止污染。

（2）根据客人的需求，及时为客人斟倒茶水和酒水，及时调换碰脏的餐具、掉落的筷子等。

（3）服务过程中，如不小心打翻茶杯或酒杯，应马上道歉，将茶杯或酒杯扶起，给客人重新换一个，并斟上茶水或酒水，然后将溢湿的桌面垫上纸巾或口布。

（4）若汤汁洒在客人身上应马上道歉，并及时用干净餐巾擦拭。

（5）当客人对某种菜肴或酒水不满意时，应虚心征求意见，按客人要求更换、退掉或再加工菜肴（酒水）。

（6）客人提出疑问时，服务员要及时准确地解答；客人遇到困难时，要积极想办法帮助；客人征求意见时，应积极提出建议。

14. 如何处理餐厅服务中的特殊问题？

餐厅服务中，会遇到形形色色的人和一些难以预料的意外事件，服务员应具有较强的应变能力，并按既定的方针和原则妥善处理。

（1）儿童客人　儿童的特点是没有耐心、好动、爱参与、喜欢边吃边玩和动作控制能力差等。为儿童提供服务时应提供儿童椅，并将餐桌上易碎餐具挪至远离儿童处，烫的食物提醒家长注意安全，服务要求及时。注意不要随意抚摸孩子的头、脸，不要抱孩子，不能给孩子东西吃，更不能单独把孩子带走。儿童离开座位在餐厅内奔跑，应提醒家长注意孩子的安全。

（2）生病客人　对生病的客人服务时要镇静、迅速和妥贴。服务员发现客人用餐时感到不适，应立即通知领班，保持镇静，尽量避免打扰餐厅其他客人用餐。严禁擅自送药给客人。

（3）醉酒客人　对于在就餐过程中醉酒的客人，要有礼貌地谢绝客人的无理要求，并停止提供含酒精成分的饮料，可以提供果汁、矿泉水等软饮料。服务中遇到困难时，可以请求领班和客人的同伴的帮助。如醉酒客人有呕吐，应立即清理污物，不得显出不悦的神情。

（4）客人要求退菜、换菜　一般来说，客人要求退菜、换菜大致有这样几种情况：

一是菜肴质量，如菜有异味、欠火候或过火等，如确实如此，服务员应无条件地退菜，并诚恳地向客人表示歉意；二是没有时间等了，这时服务员应马上与厨房联系，尽可能先做；三是客人自己点的菜要求退，如确实不是质量问题，不应同意退菜，但可尽力耐心讲道理，劝客人不要退了，吃不了可帮助他打包带走；四是客人进餐中菜肴还没有上来，不想吃了，服务员应先去厨房看一下，所点的菜是否已经制成半成品或成品，如果已经制作则不予退，但应向客人说明道理，如果厨师确实还未制作时，应为客人的利益着想，尽量为其退换。

15. 结账服务时应该注意什么？

结账时的注意事项有：

（1）按程序结账　结账可由服务员和收银员一起完成。服务员负责请客人检查帐单，收款、找余；收银员负责核查账目、账单，检查客人消费与账目是否相符，收款、记账、找回余款等。

（2）礼貌结账　首先，应将账单交客人过目，账单要求清洁，账单上的账目要清楚，并经过认真核对；如发现问题，应及时解决，对客人的疑问要耐心解释。其次，要礼貌地收取客人的钱款，收取钱款后，应当着付款客人的面清点唱收，并及时交到账台核对。最后，找回余款后，要及时交还给客人，并请其点清、核查。

（3）注意结账的时间　结账应由客人主动提出，一般不要催促客人结账，以免造成赶客人走的印象。

（4）搞清结账的对象　在结账时，应分清由谁付款，不要搞错了收款对象造成客人的不满。

（5）处理好错账　结账阶段容易发生账目错误的现象，有时也会出现客人"赖账"的事情，这就要求服务员既有良好的服务意识，又有熟练的业务水平，能够配合账台认真核查，使客人满意，使餐厅盈利。

16. 餐后整理的注意事项有哪些？

待客人离开餐厅后，在不影响其他就餐客人的前提下进行收拾餐具、整理餐桌、摆台等餐后整理工作。一般来说，餐后整理应注意以下几点：

（1）按 4 分钟之内清理一桌的标准工作并及时摆台。

（2）整理餐台时要注意动作规范，轻拿轻放，不能影响正在就餐的客人。特别要注意及时翻台，尽量减少客人的等候时间，既不能留下客人用过的台面无人整理，更不能所有服务员都去整理一个台面，无人为其他客人服务。

（3）收拾餐酒具时应按酒具、小件餐具、大件餐具的顺序进行。

（4）整理餐台时要注意周围的环境卫生，不要将餐纸、杂物、残汤剩菜等乱扔、乱洒。

（5）整理餐厅一般是接近营业结束的时间才开始，服务员需要整理各种物品和设施设备，收好各种重复使用的餐具和物件，并及时清洗消毒，擦拭干净，分类保管，以备再用。

四、西餐厅服务

17. 西餐服务的服务程序是什么？

西餐服务的服务程序，应根据餐厅的不同服务风格来确定具体内容，一般来说包括以下内容：

（1）预订服务　一般包括电话预订和来店预订两种方式。预订服务中，服务员应能熟练回答客人的问题，积极向客人提供建议，准确记录客人姓名、就餐时间、人数及特殊要求等。

（2）餐前准备　做好环境卫生，准备菜单、摆台并做好其他各项准备工作。

（3）迎宾服务　领位员在餐厅门口欢迎客人，确定客人预订，引领客人到位。

（4）点菜服务　客人入座后，按客人人数呈送相应数量的菜单，礼貌地请客人看菜单，并根据客人需要提供餐前酒服务及点菜服务。

（5）酒水服务　客人订完菜单后，服务员要主动为客人推荐酒水并提供相应的酒水服务。

（6）上菜服务　根据客人订单摆放餐具，并在需要的时间内准确地为每位客人提供上菜服务。

（7）餐中服务　在客人就餐过程中，根据规定和需要提供调整餐具、撤换餐具、整理台面等服务。

（8）结账服务　提前准备好账单，在客人要求结账时，及时将账单送到客人手中，并表示感谢。结完账后，与客人道别并欢迎再次光临。

（9）餐后整理　客人离去后，要立即清理台面并重新摆台，准备迎接用餐客人。营业结束后，要做好餐厅的卫生清理和相关的安全检查工作。

18. 西餐厅服务的餐前准备应做好哪些工作？

西餐厅服务需要在餐前做好以下准备工作：

（1）环境准备　卫生安全、幽静宜人的就餐环境是餐厅服务成功的前提。环境准备需要做好：打扫环境卫生，调节好室温、灯光、音响，摆好装饰物等。

（2）物品准备　糖罐和奶盅准备、咖啡准备、冰桶准备、餐用具及服务用品准备、摆台、酒水饮料准备、菜单准备等。

（3）形象准备　按餐厅规定着装、佩戴工牌，头发梳理整齐，做好个人卫生，精神饱满，面带微笑，体态高雅，举止庄重，落落大方，注意力集中，以最佳的精神状态做好开餐前的准备。

（4）心理准备　餐厅服务员在餐前准备中，要做好面对不同宾客的不同用餐要求的准备及应付各种情况的心理准备。

19. 西餐点菜服务应该注意什么？

西餐是分餐制，人手一份菜单，每位宾客所点的菜式都可能不一样。点菜时需要事先在座位示意图上对相应宾客所点菜名进行记录，并熟练运用推销技巧，确保记录无误。点菜时需要注意：

（1）客人入座后，迎宾员应递给每位客人一份酒单、菜单，站在客人的左侧，按照先宾后主、女士优先的原则依次递送。

（2）当客人看完菜单后，应立即上前询问是否可以点菜和酒水，得到主人首肯后，应从女宾开始依次点菜，最后为主人点菜。

（3）点牛排、羊排时需要询问生熟程度，点色拉时需要询问配哪一种色拉汁，点法国洋葱汤时需要问清是否配帕尔玛奶酪。点菜较多的宾客，可征求他的同意将色拉配主菜吃，而点菜较少的宾客则可将色拉当一道主菜上。

（4）点菜后需要复述客人所点菜肴的内容，以便确认，并根据座位示意图上的记录内容填写送入厨房的正式点菜单，并及时送入厨房。

20. 西餐上菜的顺序是什么？

西餐上菜的顺序是：

（1）头盘　根据头盘配用的酒类，先为客人斟酒，再上头盘。

（2）汤　上汤时应加垫盘，从客人右侧送上。

（3）副菜　副菜一般是鱼类菜肴，先斟好白葡萄酒，再从客人右侧上鱼类菜肴。

（4）主菜　先斟好红葡萄酒，再从左侧为客人分派主菜和蔬菜，菜肴的主要部分应靠近客人。随后再从客人左侧分派沙司、色拉。

（5）甜点和水果　摆上干净的点心盘，从客人左侧分派奶酪及配食的饼干。用过奶酪后开始上甜品、水果。

（6）咖啡或茶　在客人用完甜点后，询问客人是否需要咖啡或茶，随后送上糖缸、奶壶或柠檬片，准备用具。咖啡配糖和淡奶，普通红茶配糖和淡奶，柠檬茶配糖和柠檬片。

（7）餐后酒水　一般选用度数较高的葡萄酒。

21. 西餐服务中调整餐具需要注意什么？

在西餐服务中，调整餐具的工作在点菜完毕并向厨房下单后开始。

（1）客人吃第一道菜时使用最外面的餐具，越是后上的菜使用越靠近内侧的餐具。

（2）从第一位点菜的客人开始，依次整理餐具。

（3）站在两位客人中间，为第一位客人调整餐刀的部分，为第二位客人调整餐叉的部分。

（4）调整餐具的过程就是收起不需要的餐具，并换上即将要用的餐具。

（5）拿起餐具时，应用大拇指和食指捏住其相对狭窄的部位，或者前端与握柄衔接的地方。

（6）所有餐具均平行摆放。

22. 西餐服务中撤换餐用具需要注意什么？

西餐服务撤换餐用具需注意：

（1）在客人用西餐的过程中，每吃一道菜都需要换一副刀叉。

（2）如果客人的刀叉合并摆在盘上，就表示可以将这套刀叉连同餐盘撤下。如果客人的刀叉分开呈"八字型"放在餐盘两侧，则表明客人还将继续用餐，暂时不必撤盘。

（3）撤盘时，从宾客的右侧徒手撤盘。对于撤换小件物品需使用小方盘。

（4）在西餐宴会中，当客人吃完干酪后，可收去台上的餐具和酒杯，餐桌上只留一个水杯。

23. 西餐服务中如何为客人提供冷热毛巾服务？

客人入座后，提供第一次小毛巾服务，将保温箱内折好的小毛巾放入毛巾托内，用托盘从客人右侧送上。客人用过后，将小毛巾撤走或更换。在客人用餐过程中可随时提供小毛巾服务。客人用完餐后，再次提供小毛巾服务。

24. 西餐服务中如何在客人用餐期间整理台面？

服务员在客人用餐期间应勤巡视，及时清理台面的杂物。在撤下上一道菜的菜盘时，应及时清理台面，然后再上下一道菜。具体方法是：当客人将刀叉平行放在盘上，即表示不再吃时，可以撤盘。撤盘时，左手托盘，右手操作，按顺时针方向依次从客人右侧撤下。先撤刀、叉，分别放入托盘两侧，然后撤菜盘并放在托盘中间。

五、日式餐厅服务

25. 日式餐厅有哪些特点？

日式餐厅主要有以下一些特点：

（1）注重卫生　日式餐厅的一大特点是干净，一些高档餐厅的要求更高，几乎一尘不染。

（2）注重礼仪　受日本文化影响，日式餐厅非常注重服务礼仪和服务态度。

（3）注重营养　日本料理的最大特点是量小但种类多，注重菜品的营养搭配和营养均衡。

（4）注重餐具　日本料理的餐具十分讲究，一餐饭中有时每人要使用几十种餐具。

（5）实行套餐制　日本料理大都实行套餐制，价格也按套计算。一些高档餐厅也提供零点服务，但菜量都不大。

26. 日式餐厅的服务程序是什么？

日式餐厅的服务程序一般为：

（1）预订服务　礼貌地问清客人姓名、联系方式、位数、时间，并向客人复述预订内容。如果是熟客，需了解客人是否有存酒，并帮客人提前将存酒置于预订房间。

（2）餐前准备　做好卫生工作，备齐开餐用具，按照摆台标准做好摆台工作，检查仪容仪表等。

（3）迎宾服务　按照餐厅标准迎接客人，主动热情地用敬语问候客人，了解客人是否有预订，引领客人入座。

（4）送巾开茶　客人入座后送上香巾，礼貌地提醒客人使用，并及时为客人送上第一杯迎宾茶。

（5）点菜服务　礼貌地递送菜单请客人点菜，了解客人需求，询问客人的特殊需求等，并准确记录、确认，酒水、刺身、铁板、寿司要分别写单。

（6）上菜服务　依据餐厅服务规范做好上菜、摆菜、分菜等服务。

（7）席间服务　及时满足客人席间需求，及时添加酒水、撤换餐酒具，保持台面的整洁、卫生、美观。

（8）结账服务　及时核对客人的消费项目及费用，告知客人餐厅的结账方式及消费金额，向客人致谢。

（9）送客服务　礼貌地与客人道别，提醒客人带好随身物品，并表示欢迎客人再次光临。

（10）餐后整理　整理餐台及餐厅卫生，检查设施设备等。

27. 日式餐厅服务中的上菜顺序是什么？

日式餐厅一般按照先付和前菜、汤类、刺身类、煮物类、烧烤类、蒸物类、酢物类、渍物类、米饭和面食的顺序上菜。

（1）先付和前菜　类似中国的冷菜，为小酒菜，量小，口味多种多样，具有解酒下酒、诱人食欲、帮助消化的作用。

（2）汤类　高级宴会一般都有两道汤，即清汤和酱汤。一般上一道酱汤即可。

（3）刺身类　即生鱼片，用料有金枪鱼、鲷鱼、偏口鱼、鲭花鱼、霸鱼、虾、贝类等，其中以金枪鱼、鲷鱼最高级。

（4）煮物类　一般有白煮、红煮、泡煮、甘露煮等，此外还有关东杂煮、关西杂煮等地方风味的煮物。

（5）烧烤类　明火烤的有盐烤、海胆烤、照烧等；暗火烤是不用带火苗的微火烤，如松前烤、用海带垫底烤等。

（6）蒸物类　如茶碗木须、冷鸡蛋豆腐等蛋制品及一些鱼类、贝类的蒸菜等，一般为微火慢蒸，突出食物本身的鲜味。

（7）酢物类　是一种冷食酸味菜，具有开胃、爽口、解油腻的特点。

（8）渍物类　就是腌制的咸菜，有盐渍、酱渍、酒渍、糖渍等。

（9）米饭和面食　米饭是日本料理中的基本组成部分，有白米饭、赤豆米饭、青豆米饭、栗子米饭、白果饭、寿司、盖饭等不同风味的米饭。面食以面条为主，以茶面条和荞麦面条最常用，既可热食，亦可冷食。

六、茶餐厅服务

28. 什么是茶餐厅？茶餐厅有哪些特点？

茶餐厅起源于香港，提供揉合了香港特色的西式餐饮，是香港平民化的快餐厅。随着香港人口的移动和文化的传播,茶餐厅现已在我国各个城市普及。茶餐厅以其多样化的美食、快捷的上菜速度、宽松的就餐环境以及适中的价钱吸引了众多食客,其独特的卡位、轻松的环境氛围,也成为年轻人聊天聚会的最佳选择。

29. 茶餐厅一般提供哪些餐种和食品?

茶餐厅的餐种有早餐、午餐、快餐、常餐、特餐。

早餐提供的食品一般有煎双蛋、通粉、餐包,也有方便面或者三明治,附送咖啡或茶。

午餐提供的食品与早餐区别不大,典型餐单有:牛油餐包、火腿奄列、叉烧汤意粉、咖啡或茶。

快餐一般只在中午供应,多数是盖浇饭,一般有柱侯牛腩饭、咖喱鸡饭等,或是附芡汁的肉扒饭,例如黑椒、洋葱、茄汁、白汁、芡汁,以及牛、猪、鸡扒、肉片饭等,或再加上火腿、午餐肉或香肠。一般附送热饮品或汽水,快餐餐牌通常每日更换,也有一些茶餐厅预先设定好一周的固定快餐餐牌。

常餐一般没有供应时间的限制,即全日供应,餐牌一般全年一样。多数茶餐厅会供应各种盖浇饭、炒饭、炒粉、炒面及潮式粉面,如扬州炒饭、星洲炒米、肉丝炒面、干炒牛河、鱼蛋粉、云吞面等。

下午茶餐一般以煎炸食品为主,如炸鸡排、炸鸡翅、西多士(全称法兰西多士)、炸薯条等,较丰富的还会有火腿煎蛋公仔面附咖啡或茶。

30. 茶餐厅服务的服务程序是什么?

茶餐厅的服务程序一般为:

(1)迎宾服务 依据餐厅规定,在指定位置按站姿站好,微笑问候客人："您好，欢迎光临！"并根据客人需求和人数安排客人入座。

（2）点单服务　将台位上的酒水单和副餐牌双手递给客人，根据客人需要点单并适时做好菜品酒水的介绍、推荐，详细记载客人的特殊要求，客人点完单后复述下单。

（3）上菜服务　按要求上菜、划单，如遇长时间没有出菜时要及时催单，并向客人真诚地做好解释工作。上完最后一道菜品后，礼貌地询问客人是否需要加单。

（4）餐中服务　餐中做好巡台工作，注意客人茶水情况，及时、主动为客人提供相关服务。

（5）结账服务　当客人有结账需求时，将账单双手递给客人，唱收唱付，做好结账工作。

（6）送客服务　提醒客人带好随身物品，并礼貌地与客人道别。

七、酒水服务

31.　酒水包括什么？

酒水一般分为三类：

（1）茶　茶是饮用最为普遍的天然饮料。中国是发现和饮用茶最早的国家。按照工艺，茶可分为绿茶、红茶、白茶、黑茶、黄茶、青茶六大类。

（2）酒　酒是用谷物、水果等含淀粉或糖分的植物经过蒸馏、陈酿等方法生产的、含食用酒精的、带刺激性的饮料。按照酿酒原料，大体可分为白酒、黄酒、啤酒、果酒、汽酒、配制酒六类。

（3）软饮料　指不含乙醇的饮料。按其功能可分为普通饮料、矿泉水、运动饮料、保健饮料等；按其主要成分和特点，又可分为碳酸饮料、果汁饮料、乳品饮料、豆奶饮料、茶饮料、咖啡饮料、可可饮料、蔬菜汁饮料等。

32. 酒水服务需要做好哪些准备工作？

酒水服务需要做好以下准备工作：

（1）酒水单准备　酒水单中标有酒水的品名及规格、售价，是服务员销售酒水与收费的依据，是餐厅向客人提供酒水的指南。

（2）酒水准备　在为客人提供酒水服务前，服务员需要将酒水瓶擦拭干净，特别要将塞子屑和瓶口部位擦干净。要检查酒水的质量，如果发现瓶子破裂或酒水有变质现象，应及时调换。准备好的酒水要摆放整齐，将矮瓶、高瓶分别放在前后不同位置，方便展示与拿取。

（3）酒具准备　服务员要根据客人所点酒水，及时将合适的酒杯、饮料杯送到客人面前，并及时开启客人所需的酒水。

33. 怎样开启酒水？

不同包装的酒水，开启酒瓶的方法也不同，具体为：

（1）金属盖酒水　用力拧盖，使瓶盖下部的断点断裂即可开盖。如果断点过于牢固，可先用小刀将断点划裂，然后再旋转开盖。

（2）塑料盖酒水　塑料盖饮料的外部一般包有一层塑料膜，开瓶时可先用火柴将塑料膜烧熔取下，然后旋转开盖即可。

（3）易拉罐酒水　用右手拉起罐顶部的小金属环即可，注意千万不要对着客人拉。在开启啤酒和汽水前，不要晃动易拉罐，以免液体外喷。

（4）软木塞酒水　用干净的餐巾把酒瓶包上，用开瓶刀切掉瓶口部位的锡纸，并擦拭干净。用开酒钻的螺旋锥垂直将酒钻钻进木塞，将木塞慢慢拔出，再用干净的布巾擦拭瓶口，检查木塞。开瓶时要避免晃动瓶身，以免将瓶底的酒渣泛起，影响酒味。

34. 什么时候开启酒水？

不同品种的酒水对开启时间的要求不同。白酒、甜葡萄酒应在客人到齐后、入座前将酒封打开，并逐一为客人将酒斟上。汽酒、啤酒应在客人入座的同时将酒封打开，更好地保持不同酒品原有的风味及特色。开启酒水后，要做好开瓶后的清洁整理工作，并随时将瓶盖、瓶封、瓶塞放入盛装器皿内，并将开酒用具摆放整齐。

35. 如何为客人提供斟酒服务？

（1）斟酒顺序　先女士后男士，先主宾后主人，按顺时针方向依次进行。

（2）斟酒位置　从客人的右后侧开始斟酒，不能左右开工进行。

（3）斟前询问　询问客人并根据客人的需要斟倒相应的酒水。

（4）斟酒姿势　站在客人的右后侧，右脚在前，左脚在后，将托盘转到椅子背后。

（5）握瓶位置　手握在瓶子的中下部，将商标朝向客人。

（6）瓶杯距离　瓶杯不相碰，也不能相距太远，一般 1～2 厘米即可。

（7）斟酒速度　斟倒酒水时，酒水出口速度要均匀，不要太快也不要太慢。

（8）斟酒量　中餐斟酒以 8 分满为宜，西餐中红葡萄酒斟至杯的 1/2 处，白葡萄酒斟至杯的 2/3 处，香槟酒斟至杯的 2/3 处，威士忌斟至杯的 1/6 处。

（9）瓶口旋转 45°　酒水斟至酒杯的相应位置时，停止斟倒酒水并将瓶口旋转 45°，使酒水不外滴。

（10）及时续斟　杯中酒水不足 1/3 时要及时续斟。

八、撤换餐具用具

36. 如何撤换菜品？

在中高档中餐宴会中，服务员分好菜，客人品尝完毕后，一般在下一道菜上桌前就应该将上一道菜撤下，但要注意撤菜不可太快，客人需要继续食用的菜肴不能撤下。菜品的撤换应根据客人进餐的速度，适时撤换餐桌上的残菜。撤菜时要使用托盘，在上菜的位置撤菜。撤菜时动作要轻、稳，不要将菜盘从客人的头上撤下，不要用力拉，避免菜汁溢出或滴洒在客人身上。

37. 如何撤换骨碟？

一般来说，吃过冷菜换吃热菜时、吃过鱼腥味食物后、上风味特殊或调味特别大的菜肴时、食用完甜菜后、骨碟内残渣较多或骨碟内洒落酒水等情况时应该撤换骨碟。此外，高档宴会应是一菜一碟。

撤换骨碟时要用左手托托盘，右手撤换，从第一主宾开始，顺时针进行。撤换骨碟时，要在客人的左侧摆放上干净的骨碟，然后从客人的右侧将用过的骨碟撤下。撤换时要注意将用过的骨碟和干净的骨碟严格分开，避免交叉污染。如果客人前一道菜还没用完，而新菜又上来了，就可以在客人面前先放一个干净的骨碟，等客人食用完后再撤前一道菜的骨碟。

38. 如何撤换汤碗、汤匙？

一般情况下，汤碗和汤匙盛过汤后会留下一些汤汁，如果有第二道汤，第二道汤再盛进去就会影响汤的口味。因此，汤碗、汤匙在盛过汤后，如果再上第二道汤，就需要撤换一套干净的汤碗和汤匙。撤换时，按先宾后主的原则，顺时针依次进行，方法与撤换骨碟一致。

39. 如何撤换酒具？

在客人就餐过程中，如果客人提出更换酒水，就需要及时撤换酒具。此外，如果客人的酒杯中洒落汤汁、异物，也需要及时撤换酒具。撤换酒具时，要从客人的右侧按顺时针方向将酒具摆放在正确的位置。操作时要注意轻拿轻放，避免酒杯互相碰撞发出声响。

40. 如何撤换小毛巾、口布和台布？

在客人就餐期间，为了体现对客人的周到服务和卫生需要，应多次更换小毛巾。更换时要将小毛巾放在毛巾托内，装在托盘里，站在客人的右侧，左手端托盘，右手摆放在客人右侧位置。

撤换口布和台布一般是在客人用餐结束撤台时进行。撤口布时应先将口布抖干净，清点数目后，将口布扎成 10 块 1 捆。撤台布应在餐台上的各种餐饮用具都撤清后进行，撤换时应注意查看台布上是否有残菜或滴洒的大量菜汁、酒水，如果有就需要先清理、晾干后再收起台布，以免台布发霉后洗不掉。

第二章　酒店和宾馆服务员

一、职业素质

41. 酒店服务员应具备的职业道德有哪些？

酒店服务员的职业道德包括敬业爱岗、勤奋工作，无私奉献、诚实守信，遵纪守法、文明礼貌，真诚公道、信誉第一等。

做为一名酒店服务员，良好的职业道德是必须具备的职业素质之一，是对服务员的最普遍、最基本的道德要求，也是做好工作的前提和基础，是个人发展必备的条件之一。

良好的职业道德，会帮助从业人员热爱自己所从事的酒店行业，端正学习、工作态度，提高履行职责的自觉性，刻苦钻研业务，增强自己的服务技能，为宾客提供高质量的服务。

42. 饭店服务意识的核心指什么？

饭店服务意识的核心，即"客人永远是正确的"。例如，国外某家餐馆在墙上幽默地写下服务员的服务原则：规则一，客人是对的；规则二，如果客人错了，请参照规则一。这两句话恰恰总结了饭店服务意识的核心。客房服务员应当始终谨记，并把这种意识融入日常的服务工作中，在每一句话、每一个动作中都体现出来。

43. 客房服务员上班为什么要穿制服、佩带名牌？

客房服务员在工作时必须穿着制服。制服是一个人从事何种职业的标志。不同的职业对着装有不同的要求。每种制服的设计均充分考虑到穿着者的身份和所从事的职业，以及所从事职业的环境和工作性质。客房服务员穿上制服不但易于宾客辨认，方便服务，使宾客产生信任感，而且也使客房服务员自身产生职业的自豪感和责任感。

饭店员工穿制服时要佩带名牌，佩带名牌不仅便于客人监督，还可以增强员工的岗位意识。名牌一般佩带在左胸上方。

44. 客房服务礼貌用语有哪些类型？

礼貌用语具有体现礼貌和提供服务的双重特性，是用来向宾客表达意愿、交流思想感情和沟通信息的重要交际工具。

客房服务礼貌用语类型：

（1）称呼语　如：××先生，××太太，××小姐等。

（2）问候语　如：早上好！您好，欢迎光临我们饭店！圣诞快乐！再见！希望您能再次光临！

（3）应答语　如：对不起，请您说慢一点好吗？很抱歉，我无法满足您的这种要求。

45. 客房服务员在服务中应做到哪"三轻"？

为了给宾客提供一个恬静、舒适的环境，要求客房服务员在工作场所保持安静，不得大声喧哗，不得聚众玩笑、唱歌、游戏或争吵。服务中要做到"三轻"，即说话轻，走路轻，操作轻。

46. 客房服务员引领客人时应注意哪些礼节？

引领宾客时，客房服务员要位于宾客左前方二三步处，随客人步伐同时进行，遇到台阶或转弯处需及时侧转身示意宾客留意。开门后应侧身一旁，礼貌地敬请客人首先步入房间。

47.　客房服务员进入客人房间时应注意哪些礼节？

如工作需要客房服务员需要进入客人房间时，须先轻声敲门并说："客房服务员，可以进来吗？"待征得许可后方能轻轻推门进入。敲门时动作不要过急、过猛，应轻敲一次，稍隔片刻再敲一次。在客房内工作时，要保持房门开着，不得关闭。

48.　客房服务员在为宾客打扫房间时应注意哪些礼节？

客房服务员在为客人打扫房间时，决不允许随意翻阅宾客的皮夹、钱包、书刊、杂志、信件等，也不得动用他们的照相机、录音机、化妆品、衣物等。如果打扫时需要移动，在清扫工作做完后，应马上把这些物品按原样放回原处。

49.　客房中心服务员的岗位职责是什么？

（1）接听电话并做好记录，将客人的要求或进店、离店、结账等信息准确、迅速地通知到相应部门或人员。

（2）负责保存、发放、收取客房部的工作钥匙。

（3）核对房间状态。

（4）整理、传送通知、报告及客人情况资料。

（5）熟悉客人情况，熟记当天进店、离店团队及贵宾的抵离时间、接待要求和规格，并督促有关人员提前做好准备。

（6）将客房维修要求通知工程部值班室，并做好当日客房维修的统计工作。

（7）接受、登记、保管饭店范围内的遗留物品。

（8）负责客房部员工的考勤记录。

（9）负责分配房间的清扫。

50.　楼面服务员的岗位职责是什么？

（1）为住店宾客提供冷热水供应、擦鞋、物品租借、访客接待等各项服务，并为贵宾、伤残客人和患病客人提供有针对性的服务。

（2）负责客房、楼层公共区域的卫生及清洁保养工作。

（3）掌握楼层住客状况，填写房间使用情况登记表。

（4）负责客人离店结账时房间的检查工作。

（5）做好客人进店前的各项准备工作，按照要求布置贵宾房和有特殊要求的客房。

（6）根据总台通知，为宾客提供加床服务。

（7）负责杯具的更换、清洗、消毒工作。

（8）负责客房的简单整理及夜床服务工作。

（9）负责洗衣房的棉织品交接工作，协助完成客衣的收、送工作。

（10）管理工作钥匙及楼层物资，合理控制客用消耗品、租借用品及清洁用品等。

（11）负责工作车及工作间的清洁、整理工作。

（12）负责本楼层客房小酒吧的存放、补充与调换工作。

（13）协助安保部做好楼层的安全工作。

51. 楼面主管的岗位职责是什么？

（1）制订客房及楼层区域的定期清洁计划，并组织实施。

（2）抽查房间（不少于 30 间/天）的清洁保养质量。

（3）检查所有贵宾房，落实贵宾接待程序。

（4）主持每日内部晨会，根据客情变化及时做好人员、物资等方面的调整。

（5）巡视检查并督导下属的工作，负责下属的排班与考评。

（6）协助客房部经理制订下属的培训计划并负责实施。

（7）负责楼层的安全工作。

（8）处理客人投诉及其他突发事件。

（9）负责楼层物资的管理与控制。

（10）负责楼层服务员每日客房清洁的分配及月末房间数的汇总考核。

52. 楼层领班的岗位职责是什么？

（1）检查下属的仪容仪表与行为规范。

（2）督导下属按照规定标准和工作程序提供各项客房服务。

（3）检查客房及楼层公共区域的清扫质量。

（4）掌握本楼层的住客情况，及时收取房间状况表，送交客房中心。

（5）督促、检查客房的卫生工作。

（6）督导下属管理好楼层的物资。

（7）巡视检查所负责楼层的工作状态。

（8）接受并处理一般性的客人投诉。

（9）负责下属的培训，并参与考核下属的工作。

（10）及时收取客房小酒吧的消费账单，送交总台及客房中心，以备结账使用。

53. 客房部对客服务过程包括哪四个阶段？

（1）客人抵店前的准备工作。

（2）客人抵店时的应接服务。

（3）客人住店时的日常服务。

（4）客人离店时的送别服务。

作为一名客房服务员，只有熟练掌握上述环节的服务程序和规范，树立一丝不苟的工作作风，在工作中发挥主动性、灵活性，才能使宾客得到优质服务。

54. 客人抵店前应做好哪些准备工作？

（1）了解客人情况　通过阅读宾客入住通知单、询问接待单位有关人员、查阅客人档案资料、听取上级管理人员传达的有关客人的情况等途径，提前了解客人的到店时间、离店时间、从哪里来、人数、身份、国籍、性别、年龄、健康状况、宗教信仰、风俗习惯、生活特点、接待规格、收费标准和方式等各种情况。

（2）准备房间　根据客人风俗习惯、特别要求及接待规格，布置整理好房间，调整家具、设备，配齐房内各种服务用品，备好宾客饮用的冷、热水等。房间布置好后，要对室内的家具、水电设备及门锁等再次全面检查，确保没有损坏。要试放脸盆、浴缸的冷热水，排除混浊的水。

（3）做好客人到店时的迎宾工作　客人到达前，预先调好房内的温度。如客人晚上到达，要打开房内的走廊灯、做好夜床，准备好茶水、饮料等接待用品，最后客房服务员整理好仪表，站在服务台或电梯口迎候宾客。

55. 迎宾工作的操作程序及标准是什么？

（1）在服务台或电梯口迎候宾客。客人下电梯后，客房服务员要面带微笑，热情问候："您好！""欢迎光临！"如果预先知道客人的姓名，要主动地打招呼说："欢迎您，×××先生。"要主动介绍自己，问清房号，请客人出示房卡，询问客人可否提行李。

（2）在核对客人的住宿凭证后，客房服务员引领客人到房间。途中可适当交谈，介绍饭店服务情况，回答客人相应提问。在拐弯处，用手为客人指示行进方向。

（3）在到达客人房门口后，要告诉客人这就是他的房间，先用手轻敲房门一次，然后用客人的钥匙轻轻打开房门。开门后，侧身站在门边，请客人先进。把行李放下，帮助客人挂好外衣、帽子，进房后先拉开窗帘。

（4）在宾客进房后，客房服务员可有针对性的向客人介绍饭店用餐地点及路线、商品部、特色服务以及房内有关设施设备的位置及使用方法等，同时征询客人有什么需要了解或需要帮助解决的问题，做好解答和参谋。

（5）在完成迎宾任务后，客房服务员礼貌向客人致意请客人休息，退后转身离开房间，面向房内关门，动作要轻。回到工作间作好记录。

56. 迎接宾客有哪些注意事项？

（1）设立客房服务中心的饭店，由行李员引领客人进房，楼面客房服务员只需做好准备和协助工作即可。

（2）必须在客人进房前做好各项准备工作，尽量避免客人进房后客房服务员频繁进房，过多打扰客人。

（3）灵活掌握"三到"（客到、茶到、毛巾到）服务，不千篇一律，不过分教条，有效提高接待规格。

57. 客人抵达，送毛巾、送茶服务操作程序及标准是什么？

（1）操作程序及标准

①按规定程序进入客人房间。客人打开门时，客房服务员要面带微笑说："欢迎您入住我们饭店，请问我可以进来为您送茶水吗？"

②将茶具从托盘上取出，放在茶几上；然后用毛巾夹把热毛巾递到客人手上，轻声说"请"或"请用"；

③送茶送毛巾完毕，要面带微笑向客人说："如有什么事需要我们帮忙，请告诉我们，我们将乐意为您效劳。"

④退出房间时，不要立即转身，应先退后一步再转身，然后轻轻关上房门。

（2）注意事项

①要有礼貌，音调适中，进房行走过程中不要东张西望，要大方得体，进房后保持房门敞开；

②取出茶具时应注意手指不要放入杯内，也不要抓在杯子的

上部。放茶具时动作要轻；

③做请的姿势时右手掌心向上，五指并拢。站立时应稍向后，面带微笑，大方自然。

④离开房间后退一步时，先回头环视一下身后，以免碰撞客人或其他物品。

58. 来访客人送茶水服务操作程序、标准和注意事项是什么？

（1）操作程序及标准

①按照客人要求送茶水，问清楚客人要几杯茶，是红茶、花茶还是绿茶，并记清房间号码。

②用最快的时间做好准备，泡好茶，茶具干净，无破损，茶叶适量，开水冲泡，水量七分满；盖上杯盖，放在垫有小方巾的托盘上。

③按程序敲门进房。客人打开门时，客房服务员要微笑着说："送茶水服务，我可以进来吗？"等礼貌用语。

④左手托托盘至齐腰高，步至客人所在的位置。按照先客后主、先女后男顺序从宾客右手边位置上茶；先将茶杯垫放在茶几上，再将茶杯放在杯垫正中位置，茶杯把手摆在客人右手边。轻声对客人说："请"或"请用茶"。

⑤送茶完毕，面带微笑对客人说"如有什么事需要我们帮忙，请告诉我，我将乐意为您效劳。"然后退后一步，退出房间，轻轻关上房门。

（2）注意事项

①一定要使用托盘端拖茶杯，托盘方法要正确，在客人面前端拖要小心。

②如果在送茶时送热毛巾，毛巾要用镊子夹住送给客人，温度约 60℃。

③根据客人要求，及时进房收拾整理茶杯等用具，并注意检

查房内的设备用品是否缺少或损坏。

59. 客人送洗衣服有几种方式？

客人送洗衣服通常有以下方式：

（1）客人告知客房服务员到房间收取要洗的衣物。

（2）客人填写洗衣单，连同衣服一起装在洗衣袋中，交给客房服务员送洗。

（3）客人将要洗的衣服装在洗衣袋内，放在房间明显位置，如箱架、床上等，待客房服务员在清扫房间或查房时取出。

（4）客人直接打电话通知洗衣部到房间收取要洗的衣服。

60. 宾客离店前应做好哪些准备工作？

（1）准确掌握客人离店的时间　接到客人退房通知后，一定要记住客人的房间号码，了解客人离开房间的准确时间。

（2）检查代办事项及是否有未完成的工作　注意检查账单，特别是洗衣单、饮料单等必须在客人离店前送到前台收银处，防止疏漏。同时，要询问客人离店前还需要办理哪些事情，如是否要用餐、叫醒服务、帮助整理行李等。如果有些事情涉及到其他部门，还应与有关部门联系，共同做好离店前的准备工作。

（3）协助客人整理行李　询问客人是否需要提前整理行李，是否需要行李员搬运行李，提醒客人不要遗忘或遗失物品。

61. 宾客离店时应做好哪些送别工作？

（1）协助行李员搬运行李。

（2）主动热情地将客人送到电梯口，为其按下电梯按钮，礼貌告别。

（3）对老弱病残的客人要特殊关照，必要时安排专人护送他们下楼，并搀扶上车。

（4）诚恳、礼貌征询客人对饭店、特别是客房服务工作的意见或建议，虚心接受客人的善意批评及建议。

二、业务技能

62. 酒店服务员做床服务前应进行哪些准备？

（1）客房服务员将所需数量的床单、枕套等拿入房间，放在床头柜或行李架上。

（2）将床移离床头约 40 厘米，以方便工作。

（3）撤床单（中式做床时还需撤掉被套）并注意检查床上是否有客人的物品，如内衣裤、睡衣等在床单内；如果床罩在床上，就要折妥放在适当位置上（如行李架或衣箱内）。

（4）检查床垫是否有污渍，检查床垫、床架是否对齐，床角的翻床记号是否符合标准。

（5）检查床裙四周是否平齐，床裙是否有破损、污渍，如有，需及时更换。

63. 中式做床一般分为哪几个步骤？

（1）铺第一张床单 客房服务员站在床的一侧甩单，做到床单正面朝上，床单中线对准床垫中线居中，四周垂下部分相同，平整，不褶皱，然后包好四角，做成直角或斜 45°，将四周垂下部分塞进床架与床垫之间，绷紧床垫。

（2）套被套 将被子套入被套，四角拉平，注意被子的正反面及前后方向，将被子平铺在床头上，被边与床头平齐并折回40 厘米。

（3）放枕头 把干净枕套套在枕芯上（要求四角充实），封好枕套口。若是两张床，将枕头摆放在床头正中，枕口与床头柜相反；若是双人床，枕头的开口方向应相对。

（4）推回床体 用脚背和小腿缓缓将床体推回原位。

64. 客房服务员在进行客房清洁时如何检查房内设施？

（1）客房服务员在工作表上登记进房时间，将备用卡插进取电插座，挂上"正在打扫"牌，在卫生间门口铺上小垫毯。

（2）将客房里的灯具开关打开，检查所有的灯具，检查后应随手将灯关上。发现灯泡和开关损坏，应立即通知工程部维修或更换。

（3）将窗帘全部打开，让光线射进房内，并检查窗帘有无损坏、污迹皱折、拉关是否顺畅。

（4）若房内有异味，可打开窗户，开大空调，同时检查空调开关是否正常。

（5）检查小酒吧，如客人饮用饮料，应填写酒水单并及时补齐酒水。

65. 客房服务员在抹尘、补用品时应做好哪些工作？

（1）遵循抹尘顺序，从上到下，顺时针或逆时针方向抹尘。

（2）抹尘过程中应注意以下问题：

①可将客人的文件、杂志、书报稍加整理。

②擦拭行李架时，一般不挪动客人行李，只擦去浮尘即可。

③对于女性用的化妆品，只需稍加整理，但不要挪动位置，即使用完的化妆品也不得将空瓶或包装盒扔掉。

④不要触摸客人的照相机、笔记本和钱包等物品。

（3）在抹尘过程中，要检查房间用品，如有缺少，依次补齐，按标准将家具和物品移位。

66. 客房服务员如何清理卫生间？

（1）打开卫生间的灯，打开换气扇，将清洁工具放进卫生间。

（2）放水冲马桶并倒入清洁剂。

（3）将客人用过的毛巾、浴巾等布草撤掉，放入工作车的布草袋内。

（4）用垃圾桶收走垃圾杂物并倒入工作车的垃圾袋内。

（5）用海绵蘸上清洁剂将台面、洗手盆清洁干净，然后用清水冲净，用抹布擦干。用海绵蘸少许中性清洁剂擦洗洗手盆不锈钢器件的表面，将电话副机、毛巾架等擦干净。

（6）在镜面上喷少许玻璃清洁剂，然后用干抹布擦亮。

（7）将浴缸旋塞关闭，放入少量热水和清洁剂，用海绵擦洗墙面到浴缸里外。

67. 清扫房间时发现遗留物应怎样处理？

（1）在酒店客房范围（客房、楼层区域）内发现任何遗留物品应立即致电客房中心，无论是否贵重物品，都应交客房中心登记并保管。

（2）如在客人退房时发现房间内有遗留物，应第一时间通知前台告知客人有遗留物品，让楼层服务员及时送至前台。在楼层交接遗留物的时候一定要作好遗留物的领取记录，签名确认。

（3）在客人已经离店或未清楚遗失物品失主时，需将物品交与客房服务中心存放，并做好交接班，签名确认。

（4）若有客人遗留物品，而客人已经离店，需到客房服务中心进行登记，内容包括：①物品特征（颜色、尺寸、数量等）；②拾获时间、地点；③拾获者姓名、所属部门。

（5）若客人回酒店询问是否有遗留物品时，由客房部还有前台共同处理。

68. 如何进行失物处理与失物认领？

（1）失物处理

①前台设法通知失主，信件副本连同记录入档案，并按物品种类存放好；

②物品如未能交还失主，由客房中心文员登记保管；

③如客人询问失物，经查实无疑时，陪同客人前往客房中心领取，切勿让客人自己前往客房部认领。

④若是贵重物品，由客房部登记造册并存放于指定地点，由专人保管。

（2）失物认领

①如客人前来酒店认领，让其描述该物。前台与客房中心核对无误后，通知客房部，并带失主到客房部认领，最后请失主在登记本上签名确认；

②如认领人非失主，需请认领人出示认领授权凭证或与相关人员联系，并登记认领人之有效证件，最后请认领人签名确认；

③如客人来函报失，经查实后由行李生委托快递公司把该物寄回给失主（通常是对方付费），邮寄的单据需存档备查。

三、一般清洁器具和清洁剂的使用常识

69. 清扫的四种方法及具体内容是什么？

（1）按扫法　使用头部能自由转动的扫帚，稍用臂力压扫，不易腾起灰尘。

（2）弹扫法　使用丝草、竹梢、尼龙扫帚，利用帚端弹性扫动，适用于院子及饭店的外围场地的清扫。

（3）浮扫法　使用竹丝或羊齿草扫帚，将扫帚稍稍浮起，用于扫除大垃圾。

（4）推扫法　向前推扫，不易引起疲劳，适用于清扫长廊及宽广的地面。

70. 簸箕的操作分为哪三种？其适用范围是什么？

簸箕的操作分为：单手操作、三柱式操作、提合式操作。

（1）单手操作畚箕用于撮起脏水和碎垃圾。

（2）三柱式畚箕的操作适合撮起较多的垃圾。

（3）提合式畚箕又称改良式畚箕，畚箕上面有一个盖，提起柄后，盖即自动关闭，适合于巡回清扫。

71. 通常在什么地方使用垃圾桶？

（1）在客房内使用　标准间内有 2 个，1 个放在卧室，1 个放在卫生间，一般由阻燃材料制成。桶里的垃圾要每日倒净，并经常擦洗。

（2）在房务工作车上使用　用以收集各房间的垃圾。

（3）在垃圾收集处使用　在户外，不被人看见，桶要加盖。

72. 尘拖的操作方法是什么？

（1）将尘拖处理液处理过的尘拖放在地上，沿直线或"8"字形推尘，注意尘拖不要离地。

（2）当尘拖沾满尘土时，将尘拖放在垃圾桶上用刷子擦净或用吸尘器吸净，然后再使用，直到地面完全清洁为止。

（3）如果尘拖失去沾尘能力，要重新用尘拖处理液处理。

（4）当尘拖变得特别脏时，可用碱水洗净，晾干后喷上尘拖处理液再用。

（5）尘拖的工作路线应依次左右后退运行。

73. 客房服务员使用工作车时应注意哪些问题？

（1）注意推工作车时要不要碰坏墙纸、墙角以及其他设备。因工作失误造成损坏，当事人要承担赔偿损失。

（2）撤出的布草和杯具不能放在易耗品上，工作车首层位置不够摆放时，撤出的杯具可放在最底层；注意工作车内不能存放私人物品。

（3）本着轻便、美观、实用的原则对规定的物品进行摆放并进行数量填充，不能一次补充太多备用品，这样会增加工作车的负荷，使客房服务员难以控制行走方向，容易发生碰撞现象，客房服务员也会消耗更多的体力。一般情况下客房服务员每做完 3 间房后就要进行补充。

（4）工作车每天清理一次，做到车上无杂物、无灰尘、无污渍，每月打蜡一次，不允许在工作车上张贴商标等。

（5）在使用的过程中，如发现工作车螺钉松脱、车轮绕有杂物、缺油等问题时要及时处理，能自己解决的自己处理，自己不能解决的通知工程部进行维修。

74. 吸力式吸尘器的操作方法及注意事项是什么？

（1）操作时手握住吸管并将吸嘴吸入面自然地放在地平面上，不要过分按压，以免影响灰尘的吸入。拉动时吸嘴面稍微朝向自己一方抬起，速度不能太快。向前推动时，吸嘴前面稍微向前翘起。

（2）从房间里面的角落开始吸尘，一边吸尘，一边后退，尽量使地毯的绒毛排列整齐。

（3）使用前必须检查吸尘器，确保没有故障。

（4）根据清洁场所选配适当的吸尘器嘴等附件，保证吸尘效果，提高工作效率。

（5）定期清洗布质过滤袋，吸尘器的布质过滤袋有破洞则不能使用，否则灰尘进入机器会引起故障。

（6）不能用吸尘器吸地上的大件物体和尖硬物体，否则会损坏吸尘器内部机件或造成吸管堵塞。

（7）吸尘器吸尘后要及时清理、加油，检查吸尘器轮子不要缠绕有杂物。

（8）吸尘器使用完毕后，一定要清理尘袋，擦净机身，将机头与机身分拆放好，定期对吸尘袋进行对吸。

（9）湿手不能操作吸尘器，不能用吸尘器吸水或用水冲洗尘袋，这样会堵塞尘袋网眼，烧坏主机。吸管拆出后可用水单独冲洗，晾干后方可使用。

（10）如有损坏要及时报修。

75. 客房湿热消毒有哪些方法？

（1）煮沸消毒法　将洗刷干净的器皿置于 100℃的沸水中煮 15～20 分钟即可。这种方法适合瓷器消毒，不适合玻璃器皿的消毒。

（2）蒸汽消毒法　将洗刷干净的器皿放到蒸汽箱中蒸 15 分钟即可。这种方法适合各种茶具、酒具及餐具的消毒。

76. 客房干热消毒有哪些方法？

（1）干烤法　多采用红外线照射灭菌。操作程序是将洗刷干净的杯具放入消毒器中的消毒室，然后将温度调至 120℃，30 分钟即可。

（2）紫外线消毒法　可用于卫生间的空气消毒。一般安装 30 瓦灯管一支，灯管距地面约 2.5 米，每次照射 2 小时，可使空气中的微生物减少 50%～70%，甚至更多。

（3）烧灼法　将耐热物品在火焰上直接烧灼灭菌，温度高，时间短，效果可靠。一般只需几秒钟至 1 分钟，多用于金属物品的消毒处理。

77. 常用化学消毒法有哪些？

常用化学消毒法有：浸泡消毒法、擦拭消毒法、喷洒消毒法。

（1）浸泡消毒法　一般用于杯具的消毒，使用时必须对化学消毒剂进行溶解，并严格按照比例调制好。操作方法是：将洗刷干净的杯具放入消毒液浸泡 5 分钟，然后用清水冲净、擦干即可。

（2）擦拭消毒法　一般用于客房设备、家具的擦拭。客房卧室在客房服务员打扫卫生后即可用擦拭法进行消毒。例如，用5：1的石炭酸水溶液与来苏水溶液擦拭房间家具设备。又如，用5：3的漂白粉澄清液与84消毒剂对卫生间进行消毒。消毒完毕后紧闭门窗2小时，然后对房间通风处理。这种方法较适合在饭店的淡季或进行计划卫生的时候使用。再如，使用酒精（乙醇）擦拭电话机消毒。一般用棉球蘸上75％的酒精溶液直接擦拭即可。对于浓度较高的酒精需稀释处理，如浓度为94％的酒精80毫升，加入20毫升的水即可配成75％的酒精溶液。

（3）喷洒消毒法　为避免对人体肌肤的损伤，可采用喷洒的方法消毒。例如，用含量为1％～5％的漂白粉澄清液对房间死角或卫生间进行消毒。但禁止将漂白粉与酸性清洁剂同时使用，以免发生氯气中毒。喷洒消毒以采用快干型的消毒剂为好，如空气清新剂、"杰雪"消毒剂。"杰雪"的有效成分是戊二醛，无刺激气味，不腐蚀金属，对皮肤无损伤，能迅速杀死甲肝、乙肝等病毒。

78. 常用的化学消毒剂溶液有哪几种？消毒作用和应用范围是什么？

（1）氯亚明　又名氯胺，白色或微黄色，粉末状，中性，微具氯臭，易溶于水，遇湿空气、光、热和酸都能加速分解。氯亚明常用质量分数为0.3％，即10千克水加30克氯亚明粉末，配制好后即可消毒，用于客房内空气、物品表面、食具消毒等。氯亚明应保存在干燥、通风的地方，不能与易燃或易爆物品放在一起，容易发生意外事故。氯亚明不宜久放，时间过长容易失效，可现用现配，第一天配制的氯亚明消毒溶液第二天不能再用。氯亚明有褪色和腐蚀金属的作用，因此不能将刀、叉、咖啡银具放入其中浸泡。

（2）漂白粉　又名氯石灰，灰白色粉末状，有氯气臭味，含有效氯25％～35％，部分溶于水。漂白粉能在水中分解出次亚明酸，它能渗入细菌体，使其蛋白变性，达到杀菌的作用，可用于餐具、茶具、棉织品、房间、水果的消毒。漂白粉的配制质量分数为 0.3％，搅拌均匀后即可使用，注意事项同氯亚明相同。

（3）高锰酸钾　又名灰锰氧，紫色针状结晶体，可溶于水，水溶液紫红色。高锰酸钾消毒剂配制浓度为 1：2 000 水溶液。适用于餐具、茶具、酒具、水果的消毒，浸泡时间 5 分钟以上。高锰酸钾溶液分解很快，容易放出新生态氧，特别是接触有机物后，其氧化杀菌能力立即降低或消失。因此，当溶液变为黄色应更换新液，保证杀菌效力。高锰酸钾遇有机物可将其氧化，因此有机物品应尽量改用其他消毒剂消毒。

（4）84 消毒液　84 消毒液是一种高效、无毒、去污力强的消毒液，能快速杀灭甲、乙型肝炎、艾滋病和细菌芽胞等各类病毒与病菌，适用于餐具、茶具、酒具、蔬菜、水果、家具、玻璃塑料制品、白色衣物等的消毒。84 消毒剂配制浓度为 1：500 或 1：200 水溶液。84 消毒液原液易腐蚀棉织品、金属，易伤皮肤，如有接触用清水冲洗即可。84 消毒液应避光、避热保存，室温25℃以下可贮存 10 个月以上。

（5）新洁尔灭消毒剂　该消毒剂能凝固菌体蛋白和阻碍细菌代谢。消毒时需先配成 1：5 000 的溶液，再将洗净的餐具、饮具放入其中，浸泡 5 分钟以上，用清水洗净。用此法消毒，溶液浓度是关键，浓度过低达不到消毒目的，浓度过高则易残留余毒，伤害人体。

（6）新消净　使用含量为 0.5％～1％，适用于餐具、茶具、酒具、各种物体表面，以及空气消毒和洗手等。

（7）洗消净（优安净、消毒灵）　是杀菌去污剂，杀菌部分为次氯酸钠，去污部分为洗涤剂。其有效含量为 5％，使用浓度为 0.5％～1％。适用于客房卫生间设备、空气消毒。

（8）次氯酸钠　它是一种杀菌广、毒性低、使用方便、价格低廉的消毒剂。有效含量为 10%，使用浓度为 0.3%～0.5%。消毒对象与洗消净相同。

（9）来苏水　配制浓度为 5%～10%，适用于客房、卫生间、工作间及饭店环境的消毒。

（10）过氧乙酸（过醋酸）　常用于蔬菜、瓜果、工具、容器、工作人员的手及环境的消毒。溶液浓度为 0.2%～1%。消毒方法有擦拭、浸泡、喷洒或喷雾等。保存时间不宜超过 2 天，4℃保存时不超过 10 天，低温消毒时可在药液中添加乙醇或乙二醇防冻。

79. 酒店常用的杀虫、杀菌剂有哪些？其用途是什么？

（1）杀虫剂　这里是指喷罐装的高效灭虫剂，如"必扑""雷达"等，定时喷射后对房间密闭片刻，可杀死蚊、蝇和蟑螂等飞虫和爬虫。这类杀虫剂由客房服务员使用，安全方便。

（2）空气清新剂　具有杀菌、去除异味、芳香空气的作用。

80. 酒店常使用的上光剂有哪些？其用途是什么？

（1）金属抛光剂　用于金属表面锈蚀和轻微刮痕的清除，一般含有轻微的磨蚀剂、脂肪酸、有机溶剂和水。高效抛光剂往往还含有能在金属表面形成保护膜的成分，从而延缓了锈蚀的再次形成。金属抛光剂品种多，差异大，应正确选用，保证使用放果。

（2）地面抛光剂　用于地面的清洁保养，有油性与水性之分。由于能为地面留下一层保护层，都被称作地面蜡。油性蜡适用于木材等多孔质地面，待溶剂挥发后会留下一个蜡质保护层。它易变暗，但只要经常打磨即可恢复光泽。水性蜡则适用于少孔的塑料地板、花岗石和云石等。它是一种混合了蜡与聚酯物的乳状液体，干后能留下一个坚硬的保护层。

（3）封蜡　是一种填充剂，用后能通过渗透作用将一些细微孔隙封住并在地表形成一层牢固的保护层，防止污垢、液体、油脂甚至细菌的侵入。不同的使用情况会导致封蜡的不同使用寿命，一般在 1～5 年之内。地面抛光剂的使用有利于延长其便用寿命。封蜡有油性与水性之分，油性一般用于木质地面，也可用于水泥地、石料地等品种；水性蜡一般用于塑料地板、橡胶地砖、大理石和水泥地等。

81. 酒店常使用的溶剂有哪些？其用途是什么？

（1）地毯除渍剂　用于清除地毯上的特殊斑渍，对怕水的羊毛地毯使用效果特别好。地毯除渍剂有两种：一种用于清除果汁色斑，另一种用于清除油脂类脏斑。

（2）酒精　常用于电话消毒，但必须是药用酒精。

（3）牵尘水（静电水）　是通过打扫地面时产生的较强的静电来吸附尘埃。将尘推的纤维头浸泡在牵尘水中，沥干后使用。牵尘水除尘功效明显，用于对免水拖地面（如大理石、木板地面）的日常清洁和维护。

四、客房知识

82. 客房的基本种类有哪些？

（1）单人间　一间面积为 16～20 米^2 的房间，内有卫生间和其他附属设备组成。房内设一张单人床。

（2）标准间　房内设两张单人床或一张双人床的叫标准间，这样的房间既适合住两位客人和夫妻同住，也适合旅游团体住用。

（3）豪华间或高级间　房内设两张单人床或一张双人床，房间的装修和房内设施比标准间档次高，价格也比标准间高一些。

（4）商务间　内设两张单人床或一张双人床，房内可以上网，满足商务客人的需求。

（5）行政间　多为一张双人床，此类型房间单独为一楼层，并配有专用的商务中心，咖啡厅。

（6）套间　是由两间或两间以上的房间组成，内有卫生间和其他附属设施。

（7）双套间　一般是连通的两个房间。一间是会客室，一间是卧室。卧室内设两张单人床或一张双人床。这样的房间适合夫妻或旅游团住用。

（8）组合套间　这是一种根据需要专门设计的房间，每个房间都有卫生间。有的由两个对门的房组成；有的由中间有门有锁的隔壁两个房间组成；也有的由相邻的各有卫生间的三个房间组成。

（9）多套间　由三至五间或更多房间组成，有两个卧室各带卫生间，还有会客室、餐厅、办公室及厨房等，卧室内设特大号双人床。

（10）高级套间　由七至八间房组成的套间，走廊有小酒吧。两个卧室分开，男女卫生间分开，设有客厅、书房、会议室、随员室、警卫室、餐厅厨房设施，有的还有室内花园。

（11）复式套间　由楼上、楼下两层组成，楼上为卧室，面积较小，设有两张单人床或一张双人床。楼下设有卫生间和会客室，室内有活动沙发，同时可以拉开当床。

83. 客房清洁卫生质量标准从感官角度来说有哪些方面？

（1）视觉标准

①家具应表面光亮，无污迹，无纤尘；

②玻璃制品应光亮，无水迹和其他痕迹；

③电镀制品、银器、铜器应光亮，无水印和污迹；

④棉织品应干净，无破损，无毛发和污渍；

⑤壁纸、天花板应无污迹，无尘埃和划痕；

⑥地面应无尘埃，无污迹，无毛发，大理石和磨石地面应有光泽；

⑦镜子应无水迹、皂点，镜面光亮，无水银脱落；

⑧空调出风口应无尘埃，无污迹。

（2）触觉标准　干净、光滑、柔软、舒适。

（3）嗅觉标准　清新怡人无异味。

（4）听觉标准　必须保持客房安静，服务人员说话、走路、操作时尽量减少声响。

84. 客房服务的质量标准与要求是什么？

（1）微笑服务　微笑服务是客房员工为客人提供服务时所要求的基本礼貌，是优质服务的最为直接具体的体现。它不仅是客房部服务员代表酒店所做出的友好表示，而且满足客人的基本情感需要，能给客人带来宾至如归的亲切感与安全感。

（2）礼貌待客　礼貌礼节是客房服务质量的重要组成部分，也是对客房服务人员的基本要求。具体来说，客房服务员语言要文明、艺术，举止要彬彬有礼，姿态要端庄大方。

（3）讲究效率　在客房服务中，缺乏效率经常引起顾客不满甚至投诉，因此提供快速准确的服务是非常必要的。国际上著名的酒店对客房的各项服务一般都有明确的时间限制，例如希尔顿酒店就要求客房服务员在 25 分钟之内将一间客房整理成符合卫生标准的房间。

（4）真诚待客　真诚服务不是单纯的完成任务，而是要发自内心，真正为客人着想，关心客人，热情、主动、耐心、细致地为客人服务，使客人感到温暖，实行情感投资。

85. 优秀的客房服务员必须具备哪些条件？

客房服务员素质的高低是客房服务质量的关键。优秀客房服务员必须具备以下条件：

（1）良好的身体素质　如身高、相貌、仪表等要和饭店服务工作相匹配，在智力方面要反应灵活、动作机敏、应变能力强等。

（2）良好的职业道德修养　如热爱本职工作，尊重客人，坚持"宾客第一，服务第一"的经营思想，具有强烈的服务意识等。

（3）较强的整体观念和协调意识　如严格遵守饭店规章制度和劳动纪律等。

（4）广泛的服务知识　这些服务知识包括职业道德、语言艺术、形体语言、心理学、美学、地理、历史、风土人情、安全卫生、专业理论等。

（5）熟练的专业操作技能。

86. 客房个性化服务指什么？

个性化服务是指服务人员根据每个宾客的特点和要求提供相应的优质服务，使其在接受服务时产生舒适的精神感应。客房个性化服务主要包括两个方面：

（1）建立宾客个人档案　尤其对饭店常客，应记录他们的特点、职业、消费偏好、文化差异、忌讳、购买行为特征等，以便更有针对性地为宾客服务。

（2）个人专门服务　根据每个客人不同的特点有针对性地进行服务，尊重个人的癖好，尽量满足客人正当的特殊需要。如按照客人要求在客房配备枕头、客人喜欢的饮料等。

87. 酒店常见火灾报警装置包括哪三种？

一般酒店火灾报警器有三种，即手动报警器、烟感器、和热感器。

（1）手动报警器　一般安装在每层楼的入口处或楼层服务台

附近的墙面上。一旦附近有火情，可以立即打开报警器玻璃压盖或打碎玻璃使触点弹出，造成报警。此外，还有一种手压报警器，只要按下这种报警器的按钮，即可报警。

（2）烟感器 常用于客房及客房楼层的报警，其工作原理是：使用少量的放射性物质，使烟雾检测器中烟感装置内的空气发生电离。电离后的空气会传热，当烟雾进入烟感装置后，电流的能级就会减小。当减小到事先规定的能级以下，烟感器就会自动报警。

（3）灭火装置 现代化的饭店楼层较高，一旦发生火灾，店外的消防栓供水和当地消防部门救火车的云梯登高灭火，很难迅速扑灭大火。因此，饭店必须建立自身的消防灭火系统。这种系统是饭店必备的消防设施，由多种火灾报警器、灭火器、防火门、消防泵、正风送风机等组成，确保饭店的消防安全。

88. 楼层客房发生火灾，有哪些应急措施？

（1）楼层或房内烟雾浓度达到一定程度时，如果红灯闪亮表明已经报警。

（2）火警总控制室控制板上显示出报警区域和第一次报警信号。

（3）3分钟内未消除信号，则控制板上显示第二次信号。

（4）大楼警铃鸣响。

（5）高层消防泵启动。

（6）空调自动关闭，停止送风。

（7）楼层增压风机自动开启。

（8）启用消防电梯。

（9）扑灭火灾后，将报警信号消除，将消防电梯恢复到"OFF"位置上，将其他设备恢复正常运转。

五、功能区知识

89. 酒店大堂最基本的功能分区是什么？

（1）咨询区（主要由大堂经理负责）。

（2）入住登记区（登记，收款，结账）。

（3）等待区（客人临时休息，会客人，可设置酒吧或茶吧）。

（4）服务接待（主要搬运行李）。

（5）安全通道（楼梯，电梯，大门）。

第三章　超市收银员

一、职业素质

90. 超市收银员上岗应具备哪些条件？

(1) 具有良好的思想品质和职业道德。

(2) 了解超市各项规章制度。

(3) 熟悉收银业务运作。

(4) 熟练掌握各种收银设备的操作技能。

(5) 具备一定的服务意识和销售技巧，服从、协作意识强。

(6) 具备基本的电脑知识和财务知识。

(7) 具有识别假钞和鉴别支票真伪的能力。

(8) 具备良好的个人形象。

91. 超市收银员的仪容仪表有哪些基本要求？

(1) 制服整洁　超市收银员上岗必须穿着超市统一规定的形象服，即工作服。每位收银员的制服，包括衣服、鞋袜、领结等，必须保持整洁，不起皱，无破损，无掉扣、开线等现象，胸卡佩戴在统一固定的位置且正面向外。

(2) 化妆适度　收银员要仪容清爽。女性收银员必须化淡妆，不能浓妆艳抹，不可以佩戴夸张的饰物。男性收银员不能佩戴饰物，不能留胡须。

(3) 发型清爽　女性收银员的头发应梳理整齐，长发过肩者应以发带束起或盘起，不能做红色、绿色等怪异的发色和发型，不能湿发上岗。男性收银员头发不宜过长，刘海不宜遮眼睛。

（4）双手干净　收银员的指甲修剪整齐，无污垢，不能涂过于鲜艳的指甲油。

（5）口腔清洁　收银员要求牙齿清洁，口气清新。

92. 超市收银员的举止态度有哪些基本要求？

（1）超市收银员在工作时应随时保持笑容，以礼貌和主动的态度来接待和协助顾客。与顾客交流时，必须带有感情，而不是表现出虚伪、僵化的表情。

（2）当顾客发生错误时，切勿当面指责，应以委婉有礼的语气为顾客解说。

（3）超市收银员在任何情况下，皆应保持冷静与清醒，控制自身的情绪，切勿与顾客发生争执。

（4）员工与员工之间切勿大声呼叫或彼此闲聊，需要相互协助时，应尽量控制音量。

93. 超市收银员接待顾客的基本用语有哪些？

收银员与顾客交流时，除了应将"请""谢谢""对不起"随时挂在口边之外，还有以下一些常用的待客用语：

（1）与顾客主动打招呼，使用"欢迎光临""您好""早上好""中午好""晚上好"等。

（2）向顾客推荐商品，使用"您好，这是新商品……""您好，要不要看看××商品，现在是特价……"等。

（3）顾客商品未计价，使用"您好！××商品没计价，请（麻烦）您去××计价……"等。

（4）发现其他同事计价错误，使用"对不起，××计价错误，我帮您再核实一下，请稍候"等。

（5）交款人多，顾客等候时间较长，使用"对不起，请您稍等"等。

（6）刷卡机不能正常使用，如收银台能离开时，可以说"对不起，机器有故障，请跟我到其他收银台去刷"；如不能离开，可以说"对不起，机器坏了，请您到别的收银台去刷卡"等。

（7）顾客付的现金有问题，使用"对不起，请您换一下"。如果顾客追问原因时，应说"这钱无法上交"，然后耐心说明原因。

（8）顾客对找的零钱有疑问，应再重复一遍，语气要和蔼，或说"请您再清点一下"等。

（9）暂时离开收银台，使用"对不起，请您稍等，我马上回来"等。

（10）暂时离开又重新回到收银台，使用"真对不起，让您久等了"等。

（11）遇到自己疏忽或者无法解决的问题，使用"真抱歉""对不起"等。

（12）顾客有焦急、焦虑的情绪，使用"先生（女士），请问有什么可以帮助您的吗"等。

（13）顾客有不舒服等症状，使用"先生（女士），您是否有些不舒服，我能为您做点什么吗"等。

（14）顾客处于不安全状态，使用"对不起，先生（女士），这里不安全，请注意（请小心、请绕道走）"等。

（15）顾客碰到或者打烂商品，使用"没关系，我来收拾，您没事吧"等。

（16）顾客提前吃东西，使用"对不起，先生（女士），请您付款后再吃，谢谢"等。

94. 超市收银员有哪些工作纪律需要遵守？

（1）超市收银员上岗当班时，随身不能带有现金，以免引起不必要的误会和可能产生的公私款相混淆的现象。

（2）超市收银员上岗当班时，不能擅自离开收银台，因为收银台内的现金、购物券、单据等重要物品较多，如果擅自离开，可能给不法之徒以可乘之机，造成超市的损失。

（3）收银台上不可放置除水杯以外的任何私人物品。因为收银台上可能随时存放顾客退回的商品或临时决定不买的商品，如果私人物品放在收银台上，容易与这些商品混淆，从而引起顾客的误会。

（4）收银员不可为自己的亲朋好友结算货款，以免引起不必要的误会，更不能利用工作之便，以低于原价的货款录入到收款机上，使超市蒙受损失。

（5）收银员在无顾客结款时，不能随意打开收款机抽屉清点钱款数量，以免造成不安全的因素及产生对收银员营私舞弊的怀疑。

（6）暂不启用的收银通道必须用链条拦住。避免一些不良顾客乘机不结账就将商品带走。

（7）不准在工作时间会客、与熟人闲聊。员工之间也不能闲聊。

（8）收银员作业中站姿要规范，不得有坐、趴、斜靠收银台等现象。

95. 超市收银员在工作时间如果需要离开收银台，有哪些请假程序？

（1）举手或用喊话器招呼领班，提出申请。

（2）领班同意后，如不派人替班，须为收银台前排队等候的顾客结款，并告知后来的顾客到其他收银通道结款。

（3）结清台前的顾客的货款后，将通道链挂上，放上"暂停收银"牌后，方可离开收银台。

96. 收银员的哪些行为被视同盗窃行为？

收银员通过不法或者违法手段将超市的财物和金钱占为己有

的行为即为盗窃行为，也称作职务侵占，如下列情况：

（1）偷窃商场的商品、赠品、用品。

（2）为亲属、朋友等少结账或不结账。

（3）直接从收款机中盗窃钱款。

（4）利用打折卡将折扣部分据为己有。

（5）利用退货、退款等手段从收款机中盗窃钱款。

（6）利用改换标签或包装，将贵重商品以较低的商品价格结账。

（7）与其他员工或外人进行勾结，策划、协助进行盗窃活动。

97. 顾客的盗窃行为有哪些？

（1）顾客利用衣服、提包等藏匿商品，不付款带出超市。

（2）顾客在大包装商品中藏匿其他小包装商品。

（3）顾客改换标签或包装，将贵重商品以较低的商品价格结账。

（4）顾客未付款在超市内食用食品类商品。

（5）顾客与商场店员相互勾结，进行盗窃活动。

（6）盗窃团伙的集体盗窃活动。

98. 顾客盗窃行为的处罚措施有哪些？

顾客盗窃要受到相应的处罚，具体有以下两种情况：一是和解方式，对于盗窃情节轻、金额小或未成年人盗窃者，一般给予严厉的教育和警告，同时采取等价购买盗窃商品等方法进行处理；二是司法方式，盗窃情节严重、金额大，或属于惯偷，或属于团伙盗窃，或认错态度不好的，送交司法机关处理。

99. 超市收银员有哪些方法可以协助超市防盗？

（1）检查每辆购物手推车的最底端，确保没有更小的物品藏于其下。

（2）检查大包装商品，看包装有无破损、划痕，以防藏匿其他小商品。

（3）注意常被偷窃的物品的价格，防止偷换标签。

（4）检查顾客手中的杂志、报刊，防止藏匿扁平商品。

（5）当进行收款录入的时候，如有顾客不停地谈话，要保持警惕。

（6）无顾客结账时，要注意扫视出口处及通道。

（7）要依次为顾客结账，避免前一位顾客误拿后一位顾客的商品。

（8）如果对某一顾客产生怀疑时，要保持冷静和礼貌，并通知主管或超市负责人。

（9）注意装卫生巾、纸巾卷等包装的重量并检查包装上有无破裂和小孔，因为偷盗者经常用这类包装物藏匿其他小商品。

（10）若发现孩子在吃超市里的食品，而其父母佯装不知时应采取主动和善的态度提醒孩子的父母拿着物品包装去收银台交款。

100. 收银员如何应对超市突发事故？

（1）断电　结账过程中如遇电脑突然出故障无法正常工作，导致顾客产生抱怨时，收银员应首先向顾客道歉，请求谅解，然后安排顾客到其他收银台结账，并立即通过主管请技术人员到场检修。

（2）停电　如遇突然停电，收银员首先不要慌，可一边疏导顾客到应急收银台结款，一边将 POS 机的银箱锁好（千万不要忘记关闭电源，以防突然恢复供电时烧坏设备、引起事故），将隔离链拉上。同时听从领班和值班经理的指挥，疏导卖场内的顾客离场。

（3）顾客突然发病晕倒　如遇顾客在收银台附近突发急病晕

倒，在确定其没有家属或朋友陪伴的情况下，收银员应立即通报主管并疏导围观人群，在不清楚病情的时候千万不要立即搬动病人，因为患心脏病、脑血栓等病的人不宜随便搬动，要听从领导指挥通知其家属并拨打 120 请医护人员来处理。

（4）顾客受伤　如遇顾客意外摔伤或被设备及商品碰、砸、划伤，首先发现的员工应立即上前保护顾客；同时招呼其他同事予以支持，一边疏导围观的顾客一边尽快通知主管和客服部负责人，可能会涉及伤害责任纠纷的，还应保护好现场。

（5）火灾　收银员平时要积极参加店铺组织的消防安全培训，熟知消火栓、灭火器的存放地点，熟知安全出口，熟知一旦发生火情疏散顾客的方法和途径。

（6）恶性突发事件　收银员要牢记防损部电话，发现可疑人、可疑物及时报告，对可疑物不可随意翻看和挪动。如遇打架、爆炸等恶性突发事件，收银员要立即锁好银箱，将 POS 机设置成收银暂停状态，在主管和附近的安管人员组织下，协助维持秩序，保护现场。

二、业务技能

101. 超市收银员岗位职责有哪些？

（1）准确、快速地录入商品信息　要做到"准确"，就必须熟悉商品和商品分类，能识别各式各样的商品标志和价签；要做到"快速"，就必须熟悉各种商品价签、条码所在的位置，熟练掌握 POS 机扫描操作。收银员的平均扫描速度应达到每分钟17 次。

（2）准确、熟练地结算商品货款　收银员每天平均要结算种类不同、用途不同、产地不同、规格不同的商品，其中有变价的、促销的、折扣的。这些商品都要通过收银台快速、流畅地售出，结算时顾客有的用会员卡、有的用银联卡、有的用现金、有的用支票、还有的用微信、支付宝等。收银员必须熟练掌握收银要领，严格按规范操作，在此基础上还要加快扫描速度、结算速度、点钞速度、装袋速度，不断提高自己的业务技能。

（3）真诚、热情地为顾客服务　收银员要耐心回答顾客询问；热情接待顾客投诉；时刻使用礼貌用语；帮助顾客排忧解难。

102. **收银机有哪几部分组成**？

超市的收银机也称 POS 机，一般由主机、收据打印机、小型显示器、键盘和钱箱等组成。

（1）主机　POS 机的心脏部分，能对信息进行处理与传送。安装后切勿随意搬动，特别是在开机情况下绝对不允许搬动。

（2）显示器　POS 机与收银员"对话"的显示界面，每进行一笔交易均通过它与收银员多次"对话"完成。应做什么、该怎么做、哪里做错了等信息，显示器都会向收银员提示，因此收银员在工作中只要仔细按屏幕显示进行操作就可以了。

POS 机的屏幕一般有两个，一个是提供给收银员用的显示器，还有一个是提供给顾客用的显示器，交易中显示屏会不断显示顾客所购商品的单价和数量，交易后显示屏自动显示应收货款和应找金额。给顾客看的显示器要始终保持面向顾客。

（3）键盘　键盘是收银员与 POS 机进行对话"的操作平台，由收银员依据需要，按键向 POS 机发出指令，POS 机按指令执行。虽然前台系统装有一个条码扫描器，但部分数据仍需要由键盘输入。

（4）打印机　用来打印购物小票，顾客每一笔交易完毕均从打印机输出购物小票。

（5）银箱　即存放收银员所收货款和有价证券的专用箱。一笔交易完成后，银箱会自动开锁并弹出，收银员收找零钱后要立即推上银箱，银箱即自动加锁。

（6）外部设备接口。

103. 现金结算流程是怎样的？

（1）唱收　唱收就是在收到顾客的钱时当面清点并对顾客说"收您××元"。

（2）假钞鉴别　收到顾客现金，特别是大面额的现金（100元、50元）时，必须鉴别真伪。

（3）录入收款金额　收银员一手持顾客所交货款，另一手将顾客实交金额数字输入电脑，然后按"结账"或"回车"键，银箱就会自动弹出，同时打印机自动打印购物小票，显示屏会自动显示应找零钱金额。

（4）收找货款　收银员收找货款时动作要麻利，金额要准确。

（5）唱付　在找钱给顾客时当面向顾客交代清楚，"找您××元，请您核对小票。"找给顾客的零钱，收银员要双手交付顾客，不允许将零钱、小票随便放置在收银台上，一定要双手递交到顾客手里。

（6）关闭钱箱　收找货款完毕一定要立即将钱箱关闭，POS机屏幕会自动恢复到下一个收银操作状态。做完以上工作就可以接待下一位顾客了。

104. 信用卡结算流程是怎样的？

商品扫描结束后，按 POS 机键盘上的"信用卡"键即进入信用卡结算程序。

（1）打开刷卡机　按下刷卡机开关按钮，刷卡机会自动进行设备检查。

（2）输入操作员密码　当刷卡机显示收银员签到时，收银员输入自己的密码后按"确认"键。

（3）刷卡　商品扫描报总金额后，收银员接过顾客的信用卡将磁条朝外在刷卡机槽上刷一下，显示屏上就会出现一排卡号，收银员将屏幕上显示的卡号和手中拿的信用卡号核对后 4 位数，如果相符就按"确认"键（如不符可重新刷卡核对，如仍不相符可请主管帮助解决）。

（4）输入金额　收银员按动数字键，正确输入顾客消费总金额。

（5）输入密码　收银员正确输入顾客消费总金额后按"确认"键。

收银员请顾客在密码键盘上输入自己的密码后按"确认"键。

如密码有误可请顾客按"取消"键后重新输入。如屏幕连续 3 次显示"消费交易失败"字样，可取消交易或请顾客用现金结算。

（6）顾客签字　稍等候，刷卡机会自动打印出消费交易票据，请顾客在消费交易票据上签字。

（7）打印购物小票。

（8）将信用卡、消费交易票据和购物小票双手交给顾客。

105. 支票结算收银作业流程是怎样的？

支票是出票人签发的，委托办理支票存款业务的银行在见票时无条件支付确定金额给收款人的票据。团体购物大都用支票结算。

在超市中支票一般只能由收银组长或收银领班收取，收取支票前要特别注意提醒业务组和顾客三天后才能付货。

（1）核对支票的有效性　支票上的公章、法人章是否清晰完整；支票是否在有效期内（自支票开出之日起 10 天内）；支票项目填写是否齐全、清楚；票面是否平整，有无折叠的痕迹；支票大、小写金额是否一致。这 5 项按照银行支票收受规定要严格审核，有一项不符合要求都视为无效支票，不能收受。

（2）填写支票登记本　收银员在支票登记本上逐一填写出票人单位名称、支票号、联系人、联系电话、身份证号、收款日期、收款金额。闭店清款时，清点当日所收支票，将支票的张数及总金额填写销售汇总单，上缴财务部门，由财务部门背书，连同现金一同交至银行。

106. 购物卡结算收银作业流程是怎样的？

购物卡是超市内部发行的，在本企业连锁店铺结算购物金额的凭证。在重大节日期间使用购物卡结算的顾客较多。

使用购物卡结算的收银作业流程如下：

（1）商品扫描结束后按 POS 机键盘上的"IC 卡"键，即进入购物卡结算程序。

（2）将购物卡插入卡机。

（3）按"确认"键，显示屏会自动显示顾客相关数字信息。

（4）收银员按"付款"键，再按确认键。

（5）关闭银箱，屏幕自动回到下一个操作屏幕所示状态。

107. 支付宝结算的收银作业流程有哪些？

移动互联网时代，人们的消费方式越来越新潮，出门不用带现金也变成了可能。顾客结账时，只需打开手机支付宝钱包，让收银员用支付宝支付扫描枪刷一下条形码就可以完成付款。

（1）商户端设备准备　商户采用可读二维码扫描枪连接传统的收银机。

（2）支付流程　收银机操作：收银员在扫描完商品进行付款结算时，选择付款方式支付宝，确认后跳到扫描条码界面。

消费者操作：消费者手机上打开支付宝钱包，选择付款码，显示出条码，屏幕展示给收银员，扫描一下即可完成付款，手机收到短信提醒消费金额。

108. 微信结算的收银作业流程有哪些？

和支付宝结算相似的还有微信支付。

（1）商户端设备准备 商户采用可读二维码扫描枪连接传统的收银机。

（2）支付流程 收银机操作：收银员在扫描完商品进行付款结算时，选择付款方式微信，确认后跳到扫描条码界面。

消费者操作：消费者手机上打开微信钱包，选择收付款，向商家出示付款码，显示出条码，屏幕展示给收银员，扫描一下即可完成付款，手机收到短信提醒消费金额。

109. 超市收银员上机前要做好哪些准备工作？

（1）整装打卡 收银员穿好工装、佩戴胸卡，整理自己的仪容仪表。上班到岗后，先去指定的地点打考勤卡。

（2）索取密码 收银员报到后要到指定地点确认自己当天上机台号，然后到金融室索取自己的上机密码。一定要牢记密码。

（3）领取备用金 收银员到指定部门领取备用金。

（4）参加班前会 多数超市在收银员上岗前都要召开非常简短的班前会，讲述当天的促销活动和注意事项，收银员一定要认真听，牢记当天的变价商品、买赠商品，按要求识别各种变价的标志。

110. 超市收银员上机后要做好哪些准备工作？

（1）开机 打开电源开关，这时主机显示器电源灯、打印机电源灯会亮起。

打开打印机，使打印机的显示灯变为绿色；打开刷卡机；打开 POS 机。注意先开外设（显示器），再开主机。

（2）注册 收银员按动键盘数量键，输入自己的工号和密码后，再按回车键，就进入了收银操作屏幕。如屏幕显示正常即可进入商品扫描阶段。

（3）检查设备

①检查打印机及银行刷卡机电源是否正常。

②检查打印机里是否安有纸卷、刷卡机是否安有纸卷，如无纸卷请立即安装。

③检查收银机、验钞机、解磁扣和消磁板是否可以正常使用。

④放备用金。将备用金按面值大小依次放入银箱。

⑤检查备用品。大卖场收银员要准备纸卷，大、中、小号塑料袋，电话机或对讲机等；综超、便超收银员除备好以上物品外，还要准备胶带、包装绳、计算器、海绵池、剪刀等。购物袋要按大、中、小号挂入或放入指定位置。

未开通的收银台要用链条或栏杆拦截。

⑥清洁收银台。收银员要备一块干净的抹布，开店前清洁机台周围卫生。

111. 超市收银员离岗前要做的工作有哪些？

超市闭店前或收银员交接班离岗前，收银员一定要先报告主管或领班，得到允许后方可准备离开机台。

离岗前要做如下工作：

（1）准备下机台

①放置"暂停收银"牌。收银员在机台上放置"暂停收银"牌，劝阻后来的顾客请他们去其他收银台结账。接待完本机台最后一个顾客时拉上本收银通道链条或将本收银通道锁住。

②"孤儿商品"归位。收银员整理本机台滞留的"孤儿商品"，将"孤儿商品"放到超市指定的集中地点或直接送业务组，请理货员放回原来的陈列位置。

③整理环境。将收银机台四周环境整理干净，收好购物袋、纸卷、包装绳、胶带等备用品；将购物袋按大、中、小规格分开整理，光边向外放整齐；将磁扣集中整理按规定上交；将抹布洗净拧干，以备明日上班清洁收银台用。

（2）提款关机

①提款。收银员报告领班打开银箱，将全部收货款按面值大小顺序装入专用钱袋；检查钱箱内外和收银台周围是否有遗漏或遗失的东西，货款和单据是否拿全，以免造成不必要的损失。

②关机。收银员按"取消"键后回车依次退出，直至屏幕显示请正常关机。

③收银员按顺序依次关闭POS机—验钞机—打印机—电源，盖上台布（注意：在营业中收银员交接班时不关机）。

④将打印机、POS机、信用卡刷卡机等按要求摆放整齐。

（3）上缴货款

离开机台后，收银员要立即到指定的金融室或收银办公室上缴当天所收货款。

①填单。收银员将自己所收的货款认真清点后填写"收银员销货汇总单"，只收现金的收银员填"现金明细表"。填单时要细心和准确，单据填写完毕后要仔细核对并签字。

②缴款。收银员留出足额的备用金（零钱）后，将货款及"销货汇总单"或"现金明细表"交出纳人员，经复核，并核对所填表格无误后双方签字；POS机日结收款数目与收银员实际收款数目由出纳人员与收银员当面核对，如有短款一般要收银员当日补齐，如有长款一律上缴；收银员将备用金和钱袋交主管或领班，主管或领班在时间允许的情况下要再次清点备用金，确认无误后收银员将备用金放入钱袋并锁好。

③记录长短款。收银组长每月汇总一次收银员的长短款记录并登记，以此作为收银员月度绩效考核的重要参考依据之一。

④打卡下班。收银员换下工装，打考勤卡；收银员下班要从

员工通道离开，严禁由顾客出口离开。

112. 你知道识别假币的各种方法吗？

（1）验钞机鉴别　从事收银工作时间较短的收银员由于没有经验，一定要使用验钞机鉴别，可用紫光灯检查钞票纸是否有荧光反映，有荧光反映的纸币是真币。还可用磁性仪检查是否有磁性印证，有磁性印证的才是真币。检验时发现假币验钞机一般都会自动报警。

（2）经验鉴别　经验鉴别是老收银员使用最为普遍的一种方法，包括：

①眼看。看钞票的水印是否清晰，有无层次感和浮雕效果，是否在纸内形成；看有无安全线，埋线处纸面是否有凸起感，有无油墨印迹，纸层是否错动；看整张票面图案是否单一或者偏色；看多色接线图纹颜色相接处是否过渡平稳，有无搭接迹；看字头和号码排列距离是否适中，背面有无压痕；看凹印部位图案是否均由点、线构成。

②手摸。触摸票面凹印部位，如盲文点、国徽、主景图案、深色花边等有无凹凸感，搓捻纸张，看其是否厚实坚韧。

③耳听。钞票纸张属特种纸张，挺括耐折，用手扯动会发出清脆的声音。而一般假钞则纸质松软，声音发闷。

113. 会员卡扫描录入有哪些注意事项？

（1）请顾客出示会员卡　实行会员制的超市一定不要忘记对顾客说，"请您出示会员卡"，并询问顾客："您需要购物袋吗？"说话的同时收银员要拿出购物袋捻开口，并撑开（为了节约购物袋，收银员要视顾客购物量多少确定递给顾客购物袋的多少和大小）。

（2）顾客如出示会员卡，收银员要立即接过来，将卡号扫描或手工输入电脑，然后立即将会员卡交还，以免顾客遗忘（不实行会员制的超市可省略此环节）。

（3）会员卡无法输入　会员卡无法输入的原因可能是卡面折叠损坏，也可能是该卡长期没有使用，电脑系统接收不到信息会自动予以锁住。遇到这种情况时收银员要安慰顾客不要着急，可以请顾客到中控台或服务中心查询或请外勤协助处理。

（4）顾客如没有会员卡，收银员可直接进行商品扫描操作。

114. 商品扫描应遵循哪些原则？

（1）分类扫描　收银员扫描商品时要坚持分类扫描，即将顾客所购商品大致分为三类：生鲜商品、杂货和百货。扫描的顺序是先生鲜、再杂货、后百货。

①生鲜。生鲜商品即未经过加工的或散装或鲜活的食品，如鱼、肉、蛋、水果、蔬菜、米、面等，收银员要尽量先扫生鲜商品，因为生鲜商品有些是带水品（如鱼虾），扫过后要先装袋，如有污渍要立即擦除，以免污染其他商品。

②杂货。杂货即副食品、包装食品、烟酒等商品，一般包装良好，可以在扫完生鲜商品后再扫描。

③百货。百货即日常用品、服装、鞋帽、装饰品等，特别要注意的是服装衣物怕污染，收银员一定要放在最后扫描并注意细心包装。

收银员养成分类扫描的习惯很重要，因为这样做不但避免了顾客的商品沾染污渍，还有利于下一步商品分类装袋工作。商品分类扫描不但可提高工作效率，还能合理节约塑料袋。

（2）一品一扫　收银员要坚持一品一扫。所谓一品一扫，即用扫描仪逐一扫描每一个商品包装上的 13 位商品条形码（商品如无条码，则手工输入其代码）。

（3）一扫一报　收银员在扫描商品时一定要坚持一扫一报，即每扫描一个商品就向顾客报一次该商品的价格。

115. 超市收银员快速扫描商品有哪些技巧？

（1）查看整箱商品　如果是原包装（未启过封的）整箱商品，无条形码，为了方便顾客，扫描时可不开箱，拿卖场一个零散的同样的商品做样品扫描。如果是非原包装（启过封的）整箱，就必须要开箱扫描里面的商品。扫描后综超和便超的收银员要当场用胶带为顾客再次封箱，大卖场的收银员可请顾客到服务台由服务人员进行再次包装，以方便顾客携带。

（2）查看有容积的商品　有盖子的锅、壶、盆、箱、盒等商品扫描时要打开盖子，查看里面有无顾客遗漏或忘记结账的商品。

（3）查看专柜商品　顾客在卖场里的专柜已结过账的商品，如电池、手机、照相机、化妆品等，收银员要严格查验收银小票，有现金收讫章方可放行。

（4）关注服饰及鞋类商品　服饰及鞋类商品上一般都有磁扣，一定要立即拆除，如忘记磁扣拆除有可能会造成顾客投诉事件。

（5）熟悉促销商品变价　超市中促销商品是最吸引顾客购买的商品，而促销商品的价格是经常变动的，顾客常常会提出价格质疑，收银员必须掌握各种商品条码和变价标签，熟悉本超市当时的商品促销活动及方法，才能避免差错，也才能正确回答顾客的问题。

116. 商品消磁解扣的方法有哪些？

为了防止商品丢失，超市里部分较贵重的商品上会安装防盗设备，例如服装、鞋帽上会安装磁扣，巧克力、化妆品上会安装磁条。磁条面积较小，只能一次使用，磁扣也称硬标签，体积较大，难以破坏，可重复使用，寿命长。收银员在扫描带有防盗设备的商品前务必要使用专业设备为顾客消磁解扣。

（1）磁条消磁　给磁条消磁的工具叫消磁板，消磁板一般安装在收银台上。磁条一般安装在商品的表面或背面，安装了磁条的商品在接触到收银台上的消磁板时会"嘀嘀"鸣响，收银员只要将磁条对准消磁板蹭两下，商品就消磁了。

（2）磁扣解扣　磁扣一般安装在上衣的衣领、裤子的裤腰、鞋子的鞋帮里侧，靠专业消磁取钉器才能打开。消磁取钉器是用于开启硬标签的专用设备，一般安置在收银台内侧。收银员将磁扣对准消磁取钉器一按，即可取下磁扣上的磁钉。

117. 商品装袋有哪些注意事项？

（1）平时顾客不多时，收银员要在扫描商品的同时负责将顾客所购商品装入购物袋；遇销售高峰顾客很多、排队较长时，收银员可在扫描商品前将包装袋准备出来捻开后递给顾客，以便顾客自己装袋，提高收银速度。

（2）在扫描结束等待顾客取钱时，收银员要抽时间帮助顾客装袋，当顾客取出钱来付款时要立即停止装袋，先保证收款。

（3）分类装袋，确保商品安全与卫生。食品与用品分开，生熟（即生鲜食品和熟食）分开。

（4）生鲜冷冻冷藏食品单独存放。

（5）异味商品及猫粮、狗粮商品单独存放。

（6）硬与重的商品放在最底部，以免碰坏、压坏其他商品。

（7）方形、盒形商品放在包装袋两侧，作为支架。

（8）瓶装或罐装商品放在中间，免受外压损坏。·

（9）易碎或怕压商品放在最上面。

（10）带棱带角的商品，例如包装成捆的牛奶等，应先两头磕一磕边，否则易划破购物袋。

（11）整袋的米、面，整桶的油及其他整箱商品不好包装，如有顾客提出要求，可视情况找大袋或用带子包扎好后交给顾客。

（12）易碎、罐装、重的商品可依情况加一层包装袋，以确保商品安全。

118. 商品金额结算有哪些流程？

（1）向顾客报总金额声音要清晰　全部商品扫描完毕后按"结账"键或"回车"键，POS机屏幕上就会弹出一个小窗口，显示此笔货款应收总金额。收银员依据屏幕显示的数字向顾客报其所购商品总金额告之顾客"总共××元"，声音一定要清晰。当收银员报出总金额后，顾客如果对总金额有疑问，要求看明细后再付款或要求重新结账时，收银员要诚恳地告诉顾客结账后会有明细单交给顾客核对，如发现差误一定会退款给他，为了不影响后面顾客的结账速度，请顾客先付款。如果与顾客商量不通时，可以请外勤或领班协助核对。

（2）随手收筐要快速　趁顾客取钱的时机收银员要随手将收银台上的空购物筐拿下来，放在指定的位置，如仍有空闲时间还可帮助顾客整理购物袋，当顾客取出钱时应立即停止其他工作先收款。

（3）商品金额结算要准确、熟练；找零按顺序叠放，双手交付。

119. 商品退换及退换原则有哪些？

顾客在超市购物后，由于种种原因总有少数人要求退换货，商品退换货关系到超市售后服务的问题，关系到维护消费者合法权益的问题，这项工作主要由服务台（服务中心）负责，由收银主管或指定的收银员进行具体的POS机操作。

商品退换的原则。依据《消费者权益保护法》及相关法律、法规，结合超市为顾客提供满意的商品和服务的宗旨，商品退换的总原则应是：可退可换以退为主；可换可修以换为主；可退可不退的以退为主；可换可不换的以换为主。这充分尊重了消费者的意愿。

120. 商品退换程序有哪些？

商品退货是指超市收回顾客所购商品并将购货款退给顾客。这项工作需要收银员配合服务人员共同完成。服务人员负责接待要求退货的顾客并决定是否可以退货。收银员负责办理具体退款手续：

（1）退货的要求　收银员依据服务人员的决定办理退款，顾客要由服务人员引领或持服务人员签署的单据才能退款。

（2）退货的操作程序

①收回顾客所购商品。

②按 POS 机键盘上的"退货"键，显示屏显示退货界面。

③扫描商品代码或输入所退商品的代码和商品价格。

④商品退货价格要以购物小票价格为准而不能以商品当时的售价为准。

⑤按"确定"键，打出退货小票，请顾客签字。

⑥收银员双手将退货款递交顾客，并说："谢谢，欢迎再次光临。"

⑦收银员、服务人员（或领班）在退货小票上双双签字并由服务人员做好退货登记。

三、为顾客提供咨询服务

121. 顾客经常询问的问题有哪些？

（1）询问如何办理会员卡　顾客有办理会员卡的愿望但不知道办理会员卡是服务台的职责，常常会询问收银员，如果收银台前顾客很多时收银员可礼貌地请顾客去服务台。如果不是很忙时收银员就要抓住机会，积极为顾客介绍办理会员卡的方法。

目前各超市办理会员卡的方法大致有以下 3 种：付费办卡、

免费办卡、购物达到一定数额时方可办卡。

不论是办理哪种卡，都要到服务台填写表格，写清姓名、身份证号码及住址等，履行一定的手续方可办卡。办卡后顾客可以持卡享受超市的会员价格或优惠价商品，购物积分，积分达到一定额度还有奖励，会员卡有效期一般为一年。

（2）询问会员卡丢失的处理方法　若遇到顾客丢失会员卡的情况，收银员可劝告顾客不要着急，并请其到服务台查找或补办。

（3）询问店内的促销活动　收银员应该熟悉本店促销海报促销的内容，了解促销的商品和活动内容及方法，如惊爆价商品的价格和陈列区域、买赠商品的方法、购物有奖活动等。按照促销海报说明去向顾客介绍，如果有变化，要向顾客表示歉意，并耐心解释。

122. 遇到顾客投诉时，超市收银员一般的解决办法有哪些？

解决顾客投诉是服务台值班经理的工作，但有些顾客会直接找到收银员投诉，收银员没有接待投诉的责任，但收银员是接到顾客投诉的第一人，有责任用真诚和热情的态度减轻顾客的不满。

（1）如果顾客对商品的价格、性能、质量、款式、包装、颜色、种类等有抱怨，超市收银员不要作解释，点头倾听顾客的意见，并回复顾客会将情况反映给管理层。

（2）如果顾客对超市人员服务有抱怨，听清楚对人员的投诉，包括哪个部门、什么事情等，不要解释，并向顾客道歉，如果顾客很气愤，收银员要微笑着说，"很抱歉，我们服务不好，给您添麻烦了，请不要生气。""请您去服务台，值班经理一定会尽快解决，让您满意的。"

（3）如果顾客对超市环境有抱怨，收银员可以听清楚顾客对环境抱怨的方面，必要时作简单的记录，并将顾客的抱怨报告给收银管理人员。

（4）如果顾客抱怨收银太慢，收银员可以向顾客道歉，解释说自己是新收银员；如属于设备问题，向顾客道歉，并迅速报告给收银管理人员。

（5）如果顾客抱怨超市物品价格问题，遇到价格差异，请顾客稍微等待，立即去核实是否属实，如属实首先向顾客道歉，向顾客说明商品是按照计算机中的价格出售，询问顾客是否愿意接受计算机中的商品价格。若顾客坚持低价的标识售价，则必须通过必要的处理程序，并立即告知管理人员来现场处理。

（6）如遇顾客抱怨排队过长，询问后面排队的顾客是否愿意到其他收款机付款。同时询问收银主管是否可以帮助疏散顾客以避免过多的顾客聚集在某一收银区域。

（7）如果是机器出故障导致顾客抱怨，向顾客道歉并说明是机器的故障，立即向管理层报告。

四、现金管理

123. 备用金的管理规定有哪些？

（1）备用金的管理制度采用定额管理制度，即收银员上岗之前，必须将一定数额的起始备用金放在收款机的钱箱中，每台收款机的起始备用金相同。

（2）备用金必须妥善保管，不得与私人款项相混淆，不得私用或借给他人使用。

（3）起始备用金只能由收银员管理层设置，并接受保卫人员的监督。每个班次交接班时进行备用金的交接与清点。收银员要对自己所保管的备用金负责，确保备用金额度固定不变，如有变化则需要作出说明，由两个班次人员签字确认。

（4）收银员在交接班时，应填写交班记录，清点清楚准确后，上一班收银员方可下班。备用金不符时，接班人员有权不接班。

（5）财务收入审计及财务部指定人员应不定期抽查各收银点及部门的备用金，如发现长短款，应立即按规定处理。

（6）借支人员转岗或工作中不需要此备用金时，应将预先核发的备用金如数退还。

（7）收银员违反上述规定给超市造成经济损失时，由员工本人负责赔偿，并根据情节给予必要的处罚。

124. 收银员领取备用金需要怎样的程序？

（1）填写备用金登记表　收银员上岗之前，到总收银室登记，领取当日营业所需的备用金，领取备用金应填写"备用金登记表"。

（2）到出纳处领取备用金　收银员填写完毕"备用金登记表"后，持表到本单位出纳处领取当天的备用金。出纳员审核"备用金登记表"无误，根据表中备用金数额，搭配货币面值及张数交与收银员。

（3）清点核实备用金　收银员领取备用金后，应当面清点数额并辨别真伪，清点核实无误后，在"备用金登记表"中签字。

（4）装袋妥善保管备用金　收银员领取备用金时，必须当面清点核实，并应唱收。然后将备用金装入"现金班结袋"妥善保管，并迅速到岗位。

（5）将备用金放进收款机钱箱　收银员上岗后应及时将"现金班结袋"中的备用金分款项放进收款机的钱箱中。

（6）迅速关闭钱箱　收银员将备用金存放在收款机的钱箱后，应迅速将钱箱锁好，以保证备用金的安全。

（7）领取的备用金与收银员个人的现金必须分开，不得混在一起。

125. 营业现金和票据的清点及上缴工作流程是什么？

收银员在下班之前，及时将清点的营业款上交给财务部门入账，依据上缴现金及票据的工作流程完成上缴营业款的工作。

（1）将清点完毕的现金及银行结算票据与"内部缴款单"放入"现金班结袋"中。

（2）将收银台及周围环境整理干净。

（3）关闭本收银台所有收银设备的电源。

（4）将收银设备罩上防尘罩。

（5）持"现金班结袋"缴款。收银员持"现金班结袋"迅速到财务部门缴款。

（6）当面清点交接。收银员唱付款额，出纳员当面清点收银员交来的款项，并唱收款额，以明确责任。

（7）出纳签单。出纳员核对现金及相关单据无误后，将现金单据存入"内部缴款单"上签字。

（8）出纳记账。出纳员在收银员设备查账簿中记录款项、收款机编号、缴款时间，收银员在缴款栏签字。

五、做好推广促销活动

126. 超市促销活动类型有哪些？

要想生意好，活动少不了，不管是超市还是其他商品店，要想拥有一定的客流量，一定的优惠活动肯定是要做的，随着现代人越来越注重宣传，想要快速地提升客流量，活动方案必须要够吸引人。

（1）满减活动　满减是超市最常用的一种促销手段，为了提高超市的整体销量，吸引客户前来消费，满减活动也是非常吸引人的，但是在做满减活动之前，一定要想好什么样的物品适合做，怎么做才不至于亏损且保有盈利的空间。

（2）一元购　加一元可以购买指定的商品，也是一个不错的促销手段，通过超低的价格来吸引，但是活动的前提应该定好，比如满多少加一元就可以买一斤鸡蛋或者其他商品等。

（3）幸运抽奖　抽奖活动不仅能够吸引一部分人购买，而且排队等待抽奖的人也会吸引一批路人进店看看，无形中就刺激了整个超市消费。

（4）送优惠券　这也是超市中常见的促销手段，消费者可以在满多少时领取一张面额无门槛的优惠券，也促成了一些消费者的二次消费。

（5）满送　有些超市会通过满多少送一斤鸡蛋或者家庭常用的物品，来刺激消费者进店购买商品，方法确实很奏效。

（6）半价　针对一些不容存放的水果或者蔬菜采用半价促销的方式，一方面也减少了损失，另一方面也能提高超市其他商品的购买率。

127. 如何设计超市促销活动?

（1）首先要明白，促销的目的，是为了节日促销，还是新品预售，或者是打折清仓。搞清楚了目的，再定方案。

（2）当促销方案确定以后，可以印发一些传单，或者是打一些广告，提前为促销活动预热。

（3）清点好商品，分类别类的做好记录，防止在活动期间出现断货、缺货的现象。要责任到人。

（4）可以把促销的信息发给老客户。通过老客户的宣传，既带动了新客户，又留住了回头客。

（5）可以搞一些类似回答问题送奖品的活动，如设置一些关于促销的某件商品的问题，这样还可以提高商品的知名度，扩大宣传。

（6）举行一些比赛，比如家庭一起参加的亲子游戏。获胜者可以获得奖品，增加促销的趣味性。

第四章 泥瓦工

一、泥瓦工的基本要求

128. 什么是泥瓦工？

瓦工是指砌砖、盖瓦等建筑工作，用砖或砌块和砂浆砌筑各类建筑物的工人。

泥工指建造房屋以及搞装修专门贴瓷砖和地板砖的工人。

对于现在的建筑行业来说，瓦工和泥工基本上没有区别，简单来说就是从事砌砖、盖瓦等工作的建筑工人，又称泥瓦工或泥瓦匠。

泥瓦工所使用的主要工具如下：

（1）大铲　用于铲灰、铺灰与刮灰，分为桃形（图 4 - 1）和长方形（图 4 - 2）。

（2）瓦刀　用于打砖、往砖面上刮灰、发碹及砌炉灶（图4 - 3）。

图 4 - 1　桃形大铲

图 4-2　长方形大铲

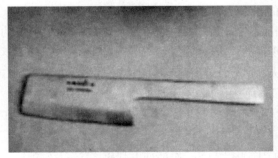

图 4-3　瓦刀

（3）夹灰器　用于铺砂浆。铺砂浆时，将砂浆装入夹灰器内，两手握住夹灰器，一手向前拉，一手向后推，用力要均匀，速度要一致。夹灰器铺设的砂浆要饱满、平整、均匀，铺设速度要快，适用于墙身较长、较厚、没有门窗洞口和砖垛的砌体。

（4）刨锛　用于打砖。刨锛一端有刃，如同锛子，打砖时用带刃的一侧砍（图 4-4）。

（5）皮数杆　控制砖层、门窗洞口标高及梁板位置的辅助工具（图 4-5）。

（6）水平尺　检查墙面的水平。

图 4 - 4　刨锛

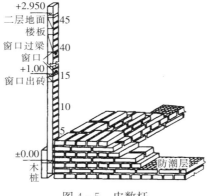

图 4 - 5　皮数杆

（7）靠尺和线锤　检查墙面的垂直度和平整度，检查砖柱、踩、门窗口的面和角是否垂直。常见的靠尺长度为 1.2～1.3 米。

（8）方尺（拐尺）　测量阴阳角的反正。

（9）勾缝工具　抿子、短溜子、长溜子、托灰板等。

129. **泥瓦工的安全知识有哪些？**

（1）施工前的安全准备工作　进入施工现场前必须进行安全

生产和工地规章制度教育；进入施工现场前检查防护用品穿戴情况，定岗定位，戴好安全帽，穿好工作服，不准穿拖鞋，要穿工作鞋（胶底）；检查工具的安全性。如检查刨锛的手柄是否牢固，以防脱出伤人。

（2）施工时的安全注意事项　施工时要严肃认真，不准嬉笑打闹，严格遵守劳动纪律；操作人员之间要保持一定距离，敲击砖块、砌块、石材时不准朝向人，敲击时要戴好防护眼镜和手套；非电工人员不得擅自开动机器及接、拆机电设备，任何人不得乘吊车上下，严禁上下投掷物体；脚手架未经验收不得使用，验收后不得随意拆改；站在脚手架上严禁向墙外砍砖，严禁在正在砌筑的墙顶上行走；在脚手架上堆砖不得超过3码，砖应顶头朝外，整齐堆放；用塔吊吊装材料时，应将挂钩挂牢，垂直上升或下落时，吊装材料操作人员应暂停工作、立即避开；吊装砌块时应注意其重心位置，不得起吊破裂和有脱落危险的砌块，不得在其下层楼进行任何工作；安装砌块时，严禁站在墙上操作，对稳定性较差的窗间墙、独立柱应加稳定支撑；起吊设备、索具、夹具有不安全因素或风力过大、大雾、夜间照明不足时应停止吊装工作。

130. 泥瓦工的岗位职责是什么?

（1）服从施工安排，认真负责完成分派的施工任务。

（2）按时上下班，不迟到早退，有事先请假。

（3）不擅自改变施工项目和要求。

（4）保质保量，快捷施工，工作时间内不干私活。

（5）厉行节约，杜绝浪费，施工剩余原材料应回收入库。

（6）施工任务完成后，做到工完料清，用户满意。

（7）注意施工安全，防止失窃、火灾和人身事故的发生。

（8）工、料单应及时办理验收签字手续。

131. 砌筑砂浆的材料要求是什么？

砌体是由块材和砂浆组成，其中砂浆作为胶结材料将块材结合成整体，以满足正常使用要求及承受结构的各种荷载。砌筑砂浆的水泥品种及标号，应根据砌体部位和所处环境来选择。水泥进场使用前，应分批对其强度、安定性进行复验。检验批应以同一生产厂家、同一编号为一批。

砂浆用砂的含泥量应满足下列要求：对水泥砂浆和强度等级不小于 M5 的水泥混合砂浆，不应超过 5%；对强度等级小于M5 的水泥混合砂浆，不应超过 10%；人工砂、山砂及特细砂，应经试配能满足砌筑砂浆技术条件要求。

132. 砂浆制备与使用原则有哪些？

（1）拌制砂浆用水，水质应符合国家现行标准《混凝土拌和用水标准》（JGJ63）的规定。

（2）砂浆现场拌制时，各组分材料应采用质量计量。

（3）砌筑砂浆应采用机械搅拌，自投料完算起，搅拌时间应符合下列规定：

①水泥砂浆和水泥混合砂浆不得少于 2 分钟；

②水泥粉煤灰砂浆和掺用外加剂的砂浆不得少于 3 分钟；

③掺用有机塑化剂的砂浆，应为 3～5 分钟。

（4）砂浆应进行强度检验。砌筑砂浆试块强度验收时，其强度合格标准必须符合下列规定：

①同一验收批砂浆试块抗压强度平均值必须大于或等于设计强度等级所对应的立方体抗压强度；

②同一验收批砂浆试块抗压强度的最小一组平均值必须大于或等于设计强度等级所对应的立方体抗压强度的 0.75 倍。砂浆强度应以标准养护龄期为 28 天的试块抗压试验结果为准。

（5）抽检数量　每一检验批且不超过 250 米³ 砌体中的各种

类型及强度等级的砌筑砂浆，每台搅拌机应至少抽查一次。

（6）检验方法　在砂浆搅拌机出料口随机取样制作砂浆试块（同盘砂浆只应制作一组试块），最后检查试块强度试验报告单。

133. 施工前应做技术准备有哪些?

建筑施工图样及有关的技术资料是施工的重要依据。施工前，要学习有关的技术资料、会审图样及图样说明，细心听取操作和技术交底，熟知砌筑部位的具体规范规程。

为了按图样的要求施工，对各部尺寸、标高、使用材料标准和要求、砂浆标号、配合比及预留孔洞、预埋铁件等，都必须熟悉和记清。

操作前，要对砌筑部位的平面尺寸和标高进行复核，确认无误后方可进行操作。为了确保工程质量达到标准，要推广首件活或样板活制度。首件活或样板活，即由班组内操作技能较高的技工，在选定的部位按标准先干出一个首件活，经检查、评定、改进后，作为班组生产的样板。

134. 施工前作业条件准备有哪些?

（1）基础的砌筑准备

①放灰线。按图样要求，把基础的灰线放到地上，放线时，应先定出轴线桩、钉好龙门板等。

②挖土。放灰线验收合格后，即可进行挖土，挖土时土方要按稳定坡度放坡，挖完后要进行地基隐蔽验收。

③做基础垫层。基础垫层根据土质条件和基础所用材料的不同而不同。一般有碎石垫层、三合土垫层和素混凝土垫层等。

④弹零线，立皮数杆。通过立皮数杆检查垫层层面标高是否合适，如果不合乎砖层，应在垫层上第一皮砖底下，先用100号细石混凝土找平，再由等级较高的技工按尺寸摆砖，从而保证上部的砌筑顺利进行。

（2）墙体的砌筑准备

①基础验收。用龙门板桩检查墙的中线、轴线位置和基础砌筑的结构情况，符合要求后进行回填土方，夯实整平。

②立皮数杆。在大角处和长墙中间段、内外墙交接处和特殊变化的地方均应立皮数杆，并按标高在基础顶面抹好防潮层。

③引中线、轴线。将龙门板上的中线、轴线引到基础顶面和侧立面上。侧立面上的线是作为检验用的标志；顶面上要弹出墨线，作为砌墙的依据。进行弹线的复核，检查无误后才能进行下一步施工。

④门樘施工。先立门樘的应将木门樘按图样位置立好，并支撑牢固。若为后立门樘，则应在墙面上弹出表示门口位置的墨线，以便砌筑时预留洞口，同时要准备涂好沥青的木砖，一般每个门樘至少放 6 块。

135. 施工前材料及机具准备有哪些？

（1）砖的准备　砖的品种、强度等级必须符合设计要求，并应规格一致。砌筑砖砌体时，砖应提前 1～2 天浇水湿润。一般要求砖处于半干湿状态（将水浸入砖 10 毫米左右），含水率为 10％～15％。

（2）机具的准备　砌筑前，必须按施工组织设计要求组织垂直和水平运输机械、砂浆搅拌机进场，做安装、调试等工作。同时，还应准备脚手架、砌筑工具（如皮数杆，托线板）等。

136. 什么叫砖墙的组砌方式？应满足什么要求？

砖墙的组砌方式是指砖在墙体中的排列方式。

砖墙组砌应满足横平竖直、砂浆饱满、错缝（指上下皮砖的垂直缝不能同处在一条线上）搭接、避免出现通缝（指上下皮砖的垂直缝同处在一条线上）等基本原则，以保证墙体的强度和稳定性。在砖墙组砌中，把砖的长向沿墙面砌筑的称为顺砖，把砖的短向沿墙面砌筑的称为丁砖。每排列一层砖则称为一皮砖。上下皮砖之间的水平灰缝称为横缝，左右两块砖之间的垂直缝称为竖缝。砖墙横缝和竖缝宽度宜为 10 毫米，但不得小于 8 毫米，也不能大于 12 毫米。横缝的砂浆饱满度不得小于 80%。

137. 砌筑的方法有哪些？

砖砌体的砌筑方法有"三一"砌砖法、挤浆法、刮浆法和满口灰法。其中，"三一"砌砖法和挤浆法最为常用。

（1）"三一"砌砖法 即是一块砖、一铲灰、一揉压，并随手将挤出的砂浆刮去的砌筑方法。这种砌法的优点：灰缝容易饱满，粘结性好，墙面整洁。故实心砖砌体宜采用"三一"砌砖法。

（2）挤浆法 即用灰勺、大铲或铺灰器在墙顶上铺一段砂浆，然后双手拿砖或单手拿砖，用砖挤入砂浆中一定厚度之后把砖放平，达到下齐边、上齐线、横平竖直的要求。铺浆长度不得超过 750 毫米；气温超过 30℃时，铺浆长度不得超过 500 毫米。这种砌法的优点：可以连续挤砌几块砖，减少烦琐的动作；平推平挤可使灰缝饱满；效率高；保证砌筑质量。

（3）刮浆法 主要用于多孔砖和空心砖。对于多孔砖和空心砖来说，由于砖的规格或厚度较大，竖缝较高，用"三一"法或挤浆法砌筑时，竖缝砂浆很难挤满，因此先在竖缝的墙面上刮一层砂浆后再砌筑，这种方法就称作刮浆法。

（4）满口灰法 又称满刀灰法或者打刀灰，主要用于砌筑空斗墙。砌筑空斗墙时，不能采用"三一"法或挤浆法。操作时左手拿砖，右手拿瓦刀，将砂浆满刮在砖上并打满头缝，轻加挤压至与准绳齐平为止。

138. 常见的墙体砌筑方式有哪些（图 4-6）？

（1）一顺一丁式　是指由一皮中全部顺砖与一皮中全部丁砖间隔砌成。上下皮竖缝相互错开 1/4 砖长。这种砌筑形式适合于砌一砖、一砖半及二砖墙。

（2）梅花丁式　是指由每皮中丁砖与顺砖相间隔砌成，上皮丁砖坐中于下皮顺砖，上下皮竖缝相互错开 1/4 砖长。这种砌筑形式适合于砌一砖及一砖半墙。

（3）三顺一丁式　是指由三皮中全部顺砖与一皮中全部丁砖相隔砌成。上下皮顺砖间竖缝相互错开 1/2 砖长；上下皮顺砖与丁砖间竖缝相互错开 1/4 砖长。这种砌筑形式适合于砌一砖及一砖半墙。三顺一丁易产生内部通缝，一般不提倡此种组砌方式。

另外还有全顺式、两平一侧式、全丁式等，见图 4-6。

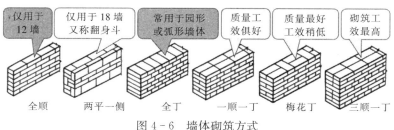

图 4-6　墙体砌筑方式

139. 如何进行砖基础的组砌？

砖基础有带形基础和独立基础，基础下部扩大部分称为大放脚。大放脚有等高式和不等高式（又称间隔式）两种。等高式大放脚是两皮一收，两边各收进 1/4 砖长；不等高大放脚是两皮一收和一皮一收相间隔，两边各收进 1/4 砖长。大放脚一般采用一顺一丁砌法，竖缝要错开，要注意十字及丁字接头处砖块的搭接；在这些交接处，纵横墙要隔皮砌通；大放脚的最下一皮及每层的最上一皮应以丁砌为主（图 4-7）。

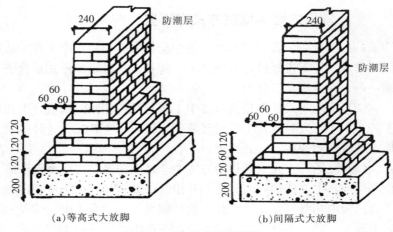

(a)等高式大放脚 (b)间隔式大放脚

图 4-7 砖基础的组砌

二、防水

140. **防水的分类有哪些?**

按其采取的措施和手段不同,分为材料防水和构造防水:

(1)材料防水 是依靠防水材料经过施工形成整体封闭防水层阻断水的通路,以达到防水的目的或增强抗渗漏的能力。按防水材料的不同,分为柔性防水和刚性防水。柔性防水又分为卷材防水和涂膜防水。刚性防水指混凝土防水,其采用的材料主要有普通细石混凝土、补偿收缩混凝土等。

(2)构造防水 是指采用正确与合适的构造形式阻断水的通路和防止水侵入室内的统称。如各类接缝,各部位、构件之间设置的温度缝、变形缝、以及节点细部构造的防水处理。

141. **屋面防水等级和设防要求是什么?**

屋面防水等级和设防要求见表 4-1。

表 4-1 屋面防水等级和设防要求

防水等级	Ⅰ级	Ⅱ级	Ⅲ级	Ⅳ级
建筑物类别	特别重要或对防水有特殊要求的建筑	重要的建筑和高层建筑	一般的建筑	非永久性的建筑
防水层合理使用年限	25 年	15 年	10 年	5 年
防水层选用材料	宜选用合成高分子防水卷材、高聚物改性沥青防水卷材、金属板材、合成高分子防水涂料、细石混凝土等材料	宜选用高聚物改性沥青防水卷材、合成高分子防水卷材、金属板材、合成高分子防水涂料、高聚物改性沥青防水涂料、细石混凝土、平瓦、油毡瓦等材料	宜选用三毡四油沥青防水卷材、高聚物改性沥青防水卷材、合成高分子防水卷材、金属板材、高聚物改性沥青防水涂料、合成高分子防水涂料、细石混凝土、平瓦、油毡瓦等材料	可选用二毡三油沥青防水卷材、高聚物改性沥青防水涂料等
设防要求	三道或三道以上防水设防	两道防水设防	一道防水设防	一道防水设防

142. 防水材料有哪些?

防水材料包括防水卷材和防水涂料。

防水卷材按原材料分为：沥青防水卷材、高聚物改性沥青防水卷材和高分子防水卷材。其中高聚物改性沥青防水卷材有 SBS 和 APP 两类，SBS 防水卷材的特点是低温柔性好、弹性和延伸率大，不仅可以在低温和高温气候条件下使用，并在一定程度上可以避免结构层由于伸缩开裂对防水层的破坏。APP 防水卷材的特点是耐热度高、热熔性好、适合热熔施工，因此更适用高温气候或有强烈太阳辐射地区的屋面防水。

防水涂料包括沥青防水涂料、高聚物改性沥青防水涂料、合成高分子防水涂料。

143. 地下室防水的主要形式有哪些？

防水混凝土结构自防水、刚性防水、卷材防水和涂膜防水。

144. 防水混凝土结构自防水的施工步骤有哪些？

防水混凝土结构自防水是通过调整混凝土配合比、掺外加剂等方法提高混凝土的密实性、抗渗性来达到自防水目的的一种混凝土结构防水体系。

防水混凝土结构自防水的施工步骤：准备工作→确定原材料→做实验配合比→现场钢筋、模板验收→计算施工配合比→混凝土搅拌、运输→混凝土浇筑成型→混凝土养护、拆模→混凝土分项质量检查、验收。

145. 刚性防水的施工方法有哪些？

刚性防水（水泥砂浆刚性抹面防水）分为普通水泥砂浆防水和掺外加剂的水泥砂浆防水。普通水泥砂浆防水层是利用不同配合比的水泥砂浆和素灰胶浆，在结构基层上交替抹压，均匀密实，构成一个多层整体的刚性防水层，一般迎水面采用"五层抹面法"，背水面采用"四层抹面法"。掺外加剂砂浆防水层是利用不同配合比的水泥砂浆素灰浆按要求分别掺入外加剂后，在结构基层交替抹灰，均匀密实，构成一个多层整体的刚性防水层。

刚性防水的主要施工程序：基层处理→第一层水泥砂浆→第二层水泥砂浆→第三层水泥砂浆→第四层水泥砂浆→第五层水泥砂浆→养护交底。

146. 地下室卷材防水施工的方法有哪些?

（1）**外防外贴法** 施工顺序是：在铺贴卷材时，应先铺贴平面，后铺贴立面，平、立面交接处应先交叉搭接，即先在混凝土底板垫层上抹 1：3 水泥砂浆找平层，等干燥后铺贴底板卷材防水层，并在四周伸出与墙身卷材防水层搭接的接头。为了避免伸出的卷材接头受损，在铺贴底板卷材前，先在垫层周围砌筑保护墙。保护墙分为两部分，下部为永久性保护墙，高度不小于 B+200 毫米（B 为底板厚度）。上部为临时性保护墙，高度按卷材搭接长度而定，一般为 450～600 毫米，用石灰砂浆砌筑，保护墙砌筑完成后，再将伸出的卷材搭接接头临时贴在保护墙上。然后进行混凝土底板与墙身施工，墙体拆模后，在墙壁面上抹水泥砂浆找平层，刷冷底子油，再将临时性保护墙拆除，找出各层卷材搭接接头，并将其表面清理干净。此处卷材应用错槎接缝，依次逐层将卷材防水层铺贴在墙身，最后砌筑永久性保护。

外防外贴法的优点是：结构不均匀沉降时，对防水层的影响较小；防水层贴好后即可进行渗漏水实验，如需修补也较方便。缺点是：施工工序较多，工期较长，施工面积较大；底板与接头处卷材易受损，接槎的施工较麻烦，接槎处质量较差。

（2）**外防内贴法** 施工顺序是：在铺贴卷材时，为避免底板面的卷材防水层遭受损伤，应先铺贴立面，后铺贴平面。铺贴立面时，先铺贴转角，后铺贴大面，即先在混凝土底板垫层四周砌筑永久性保护墙，在垫层上和保护墙内表面抹 1：3 水泥砂浆找平层，然后铺贴卷材在砂浆找平层上；在防水层上面再做水泥砂浆保护层，最后进行地下防水结构的混凝土底板与墙体施工。

外防内贴法的优点是：卷材防水层施工方便，底板与墙体防水层可一次铺贴完，不必留接槎；施工占地面积也较小。缺点是：结构不均匀沉降时，结构与保护墙发生相对位移，对防水层的影响较大；竣工后如发现渗漏水现象，修补较难。当施工条件受限时方可采用内贴法施工。

147. 地下室涂膜防水的施工步骤有哪些？

（1）清理基层。

（2）涂布胶底。

（3）聚氨酯涂膜防水材料的配制（将聚氨酯甲、乙料和二甲苯按 1：1.5：0.3 的比例配合，混合料最好在 2 小时内用完）。

（4）涂膜防水层施工。

（5）平面部位铺贴油毡保护隔离层。

（6）浇筑细石混凝土保护层。

（7）钢筋混凝土结构施工。

（8）立面粘贴聚乙烯泡沫塑料保护层。

（9）回填灰土。

148. 屋面防水卷材的铺贴方向有哪些要求？

卷材的铺贴方向应根据屋面的坡度和屋面是否受振动来确定。屋面坡度在 3％以内时，沥青防水卷材宜平行屋脊铺贴；在 3％～15％时，沥青防水卷材可平行或垂直屋脊铺贴；坡度大于 15％或受振动的屋面，沥青防水卷材应垂直屋脊铺贴，而高聚物改性沥青防水和合成高分子防水卷材可平行或垂直屋脊铺贴；上下层卷材之间不应相互垂直铺贴。

149. 高聚物改性沥青防水卷材的施工方法有哪些？

（1）热熔法　用火焰加热器熔化热熔型防水卷材底面热熔胶进行黏结的施工方法。

（2）冷贴法　采用胶黏剂或玛蹄脂进行卷材与基层、卷材与卷材的黏结。

（3）自粘法　带有自粘胶的防水卷材，施工时只要撕掉底面的隔离纸，排除下面的空气，并用辊压黏结牢固，搭接部位采用热风焊枪加热粘贴牢固。

三、地面找平

150. 地面找平的种类及施工工艺有哪些？

地面找平是指将建筑物的原始地面，通过一定的方法找平，使地面平整度达到一定的标准，符合国家关于地面找平的规定。地面找平可以分为两种，一种是原始的水泥砂浆地面找平；另一种是现在广泛运用的自流平水泥找平。

地面找平的施工步骤是：基层处理→找标高、弹线→洒水湿润→抹灰饼和标筋→搅拌砂浆→刷水泥浆结合层→铺水泥砂浆面层→木抹子搓平→铁抹子压第一遍→第二遍压光→第三遍压光→养护。

四、房屋结构改造

151. 房屋结构拆改应该遵循的原则有哪些？

（1）砖混结构房屋，凡是预制板墙一律不能拆除，也不能开门开窗。特别是厚度超过 24 厘米以上的砖墙，一般都属于承重墙，不能轻易拆除和改造。承重墙承担着着楼板的重量，维持着整个房屋结构的力的平衡。如果拆除了承重墙，破坏了这个力的平衡，造成的后果是非常严重的。

有的轻体墙也不能拆，因为它也承担着房屋的部分重量。比如，横梁下面的轻体墙承担着房屋的部分重量。拆了，一样会破坏房屋结构。

只有完全作为隔墙的轻体墙、空心板就可以拆。因为隔墙完全不承担任何压力，存在的价值就是隔开空间；拆了也不会对房屋的结构造成任何影响。

（2）门框不宜拆除　如果拆除或改造，就会破坏建筑结构，降低安全系数，重新安装门也比较困难。

（3）配重墙不能拆除　一般房间与阳台之间的墙上都有一门一窗，这些门窗可以拆除。但窗以下的墙不能拆，因为这段墙是"配重墙"，它就像秤砣一样起着挑起阳台的作用，如果拆除这堵墙，就会使阳台的承重力下降，导致阳台下坠。

（4）梁柱不能改　梁柱是用来支撑上层楼板的，拆除或改造就会造成上层楼板下掉。

（5）钢筋不能动　在埋设管线时，如将钢筋破坏，就会影响到墙体和楼板的承受力，留下安全隐患。

五、铺贴瓷砖

152. 楼地面贴瓷砖的作业要求有哪些？

（1）墙上四周弹好一米水平线。

（2）地面防水层已经做完，室内墙面湿作业已经做完。

（3）穿楼地面的管洞已经堵严塞实。

（4）楼地面垫层已经做完。

（5）板块应预先用水浸湿，并码放好，铺时达到表面无明水。

（6）复杂的地面施工前，应绘制施工大样图，并做出样板间，经检查合格后，方可大面积施工。

153. 地面铺贴瓷砖的工艺流程及注意事项是什么？

（1）工艺流程　基层处理→找标高、弹线→铺找平层→弹铺砖控制线→泡砖→铺砖→勾缝、擦缝→养护。

（2）注意事项　卫生间和阳台地面铺贴必须用湿铺法，卫生间门槛石必须用防水砂浆铺贴做法，防止砂浆层积水；擦缝工序需在其他工序完成并验收合格后方可进行。

六、其他技能

154. 装饰装修工程的作用是什么?

(1) 保护结构增强耐久性(防潮、防自然界侵蚀、污染等)。

(2) 完善功能,满足使用要求(调节温、湿、光、声,防御灰尘、射线,清洁卫生)。

(3) 美化环境,体现艺术性(产生艺术效果,美化环境,展现时代风貌,标榜民族风格)。

(4) 协调建筑结构与设备之间的关系。

155. 抹灰分为哪几类? 一般抹灰分几级,具体要求如何?

(1) 抹灰层的组成

底层:粘结层,砂浆应于基层相适应,厚5~7毫米;

中层:找平层,厚5~12毫米;

面层:装饰层,厚2~5毫米。

(2) 抹灰的分类(按面层的材料及做法分)

一般抹灰:石灰砂浆、水泥砂浆、混合砂浆、麻刀灰、纸筋灰;

装饰抹灰:水刷、水磨、干粘、剁假、拉毛、喷涂、弹涂、仿石;

特种抹灰:保温、防水、耐酸。

156. 水磨石、水刷石、干粘石、剁假石的施工工艺及要点有哪些?

(1) 水磨石(楼地面)面层

①基层:20毫米厚1:3水泥砂浆,养护1~2天;

②分格:玻璃条——素水泥浆抹八字条固定;铜条——每米

4 眼，穿 22♯丝卧牢；灰条、灰堆高≤0.5 分格条，12 小时后浇水养护；

③面层：刷水泥浆一道；铺 1：2～1：2.8 水泥石渣浆，高出分格条 1～2 毫米，水抹子搓平，压辊反复滚压至出浆，2 小时后再纵横各压一遍，钢抹子抹平；24 小时后洒水养护；

④磨光

时间：机磨——养护 2～5 天后，人工磨——养护 1～2 天后。

方法和要求见表 4－2。

表 4－2　现制水磨石磨光方法与要求

编次	磨块规格	要求	磨后处理
一（粗磨）	60～80♯	石渣外露，见分格条	冲洗，擦同色浆，养护
二（中磨）	100～150♯	表面光滑，不显磨纹	冲洗，擦同色浆，养护
三（细磨）	180～240♯	表面光亮	冲洗，涂草酸
四（磨净）	280♯	出白浆	冲净，晾干，擦净，打蜡

（2）水刷石（面层）

①弹线，安分格条：分格条浸水，用水泥浆粘贴；

②抹水泥石渣浆：湿润底层，薄刮素水泥浆，抹水泥石渣浆 8～12 毫米厚（高于分格条 12 毫米）；水泥石渣浆体积配比 1：1.25（中八厘）～1：1.5（小八厘），稠度 5～7 厘米；

③修整：水分稍干，刷水压实 2～3 遍（孔洞压实挤严，石渣大面朝外）；

④喷刷：指压无陷痕时，棕刷蘸水刷去表面水泥浆，喷雾器喷水把浆冲掉；

⑤起出分格条，局部修理、勾缝。

（3）干粘石（二层以上使用，省工、省料；易脱落）

①做找平层，隔日粘分格条；

②抹粘结层、甩石渣：抹 6 毫米厚 1∶2.5 水泥砂浆，随即抹 1 米厚水泥浆（可掺胶），并甩石渣，拍平压实，压入 1/2 粒径以上；

③初凝前起出分格条，修补、勾缝。

（4）剁假石

①做找平层，粘分格条；

②抹面层：刮一层水泥浆，随即铺抹 10 毫米厚 1∶2～1∶2.5 水泥石渣石屑浆（4 毫米掺 30％石屑），并用毛刷带水顺设计剁纹方向轻刷一次，洒水养护 3～5 天；

③弹线（分格缝周围或边缘留出 15～40 毫米不剁）；

④剁纹：用剁斧由上往下剁成平行齐直剁纹；

⑤拆出分格条，清除残渣，素水泥浆勾缝。

157. 裱糊施工的作业条件有哪些？

（1）顶棚喷浆，门窗油漆已完成，地面装修已完成，并将面层保护好。

（2）水、电及设备、顶墙预留预埋件已完成。

（3）裱糊工程基体或基层的含水率：混凝土和抹灰不得大于 8％；木材制品不得大于 12％。直观灰面反白，无湿印，手摸感觉已干。

（4）凸出基层表面的设备或附件已临时拆除卸下，待壁纸贴完后，再将部件重新安装复原。

（5）较高房间已提前搭设脚手架或准备好铝合金折叠梯子，其他房间已提前钉好木马凳。

（6）根据基层面及壁纸的具体情况，已选择、准备好施工所需的腻子及胶黏剂。对湿度较大的房间和经常潮湿的表面，已备有防水性能的塑料壁纸和胶黏剂等材料。

（7）壁纸的品种、花色、色泽样板已确定。

（8）裱糊样板间，经检查鉴定合格可按样板施工。进行技术交底，强调技术措施和质量标准要求。

（9）裱糊时，室内相对湿度不能过高，一般不大于 85%，温度也不能有剧烈的变化。

158. 裱糊施工的作业条件及要点有哪些？

（1）基层处理，平整、坚实、洁净、干燥（含水率≤8%）；腻子刮平并磨光；刷底涂料；设备附件卸下。

（2）纸基纸面壁纸背面用水湿润（普通塑料壁纸浸泡 3～5 分钟，静置 20 分钟）。

（3）基层及纸背均涂胶。

（4）从阴角开始，由上而下对缝对花，板刷舒展压实，挤出的胶用棉丝擦净。

（5）阳角处不接缝，阴角搭接≥3 毫米。

（6）色泽一致；无气泡、空鼓、翘边、皱折、斑污、胶痕；拼缝对花、不露缝；正面 1.5 米、侧面 3 米处不显拼缝。

159. 涂料施工作业程序及要求有哪些？

（1）作业程序

①材料准备。

室内：常用内墙涂料（乳胶漆、丙烯酸类等）、大白浆、可赛银浆；

室外：常用水泥色浆、乙丙乳液厚涂料等。

②基层处理。抹灰层充分干燥，基层清理干净，腻子填补孔洞、裂缝，砂纸磨平。

③刮腻子。

室内：石膏、乳胶、纤维素腻子，或耐水腻子等；

室外：水泥、乳胶腻子。

④刷（喷）浆、涂料。

（2）要求

①普通级：基层处理后满刮一遍腻子刷一遍浆后，复补腻子再刷两遍浆。高级：基层处理后满刮两遍腻子刷一遍浆后，复补腻子再刷三遍浆。机械喷浆可不受遍数限制，达到要求为准。

②顺序：先上后下，先顶棚后墙面。

③内墙：厚度均匀，颜色一致，不流坠，无砂粒。外墙：同一墙面用同一批材料，颜色一致，配比相同；分段施工的接槎处留在分格缝、墙阴角、水落管出；防止玷污门窗、玻璃等不涂刷处。

第五章　车工钳工

一、基本技能

160. 如何识读零件图？

机械图样能表达物体的形状、大小、材料、构造以及有关技术要求等内容，是人们用以表达设计意图、组织生产施工、进行技术交流的重要技术文件。因而，图样被喻为"工程技术语言"。

识读机械图样的方法及步骤，以锤头的零件图及实物为例（图 5-1）。

（1）概括了解　首先，通过标题栏，了解零件名称、材料、绘图比例等，根据零件的名称想象零件的大致功能。每张图样上都应有标题栏，应配置在图纸的右下方。本图零件的名称为锤头，材料是 45 号钢，绘图比例是 1:1。

（2）分析视图，想象零件形状　首先找出主视图及其他视图等，了解各视图的作用以及它们之间的关系、表达方法和内容。如图 5-1 所示的锤头零件图采用了主视、俯视和左视三视图。其中，左视图采取断面图，主要表达锤头断面形状。从主、俯和左视图可以看出锤头形状为长 100 毫米、宽 20 毫米、高 20 毫米的细长方体，左端加工成一斜面，安装锤柄的部分是一个 20 毫米×10 毫米的圆弧型槽，锤头加工出一个八边形。

（3）尺寸分析　分析零件图上的尺寸，首先要找出三个方向尺寸的主要基准，然后从基准出发，找出各组成部分的定形尺寸、定位尺寸及总体尺寸。如：锤头长度方向的基准为右端

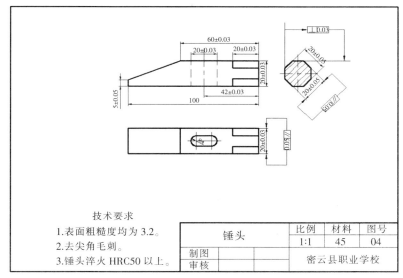

技术要求

1.表面粗糙度均为 3.2。

2.去尖角毛刺。

3.锤头淬火 HRC50 以上。

锤头		比例	材料	图号
		1:1	45	04
制图		密云县职业学校		
审核				

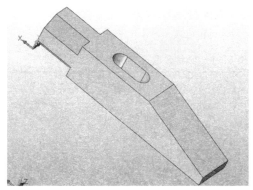

图 5-1 锤头的零件图及实物

面，标注的定形尺寸有 100 毫米，定位尺寸有 60 毫米、42 毫米、20 毫米等；宽度方向的尺寸基准为后端面，定形尺寸有 20 毫米；高度方向的尺寸基准为锤头的底面，标注定位尺寸有 20.5 毫米。

（4）了解技术要求 读懂技术要求，如表面粗糙度、尺寸公差、形位公差以及其他技术要求。分析技术要求时，关键是弄清楚哪些部位的要求比较高，以便考虑在加工时采取措施予以保证。如锤头部分的八边形，既有尺寸公差，还有形位公差如平行度公差 0.05，垂直度公差 0.03，因此锤头部分的八边形是此工件加工的重点。整个零件的表面粗糙度为 3.2。

（5）综合分析 把零件的结构形状、尺寸标注、工艺和技术要求等内容综合起来，就能了解零件的全貌，也就读懂了零件图。

161. 你知道图纸中公差标注的含义吗？

零件加工时，不仅会产生尺寸误差，还会产生形状和位置误差。零件表面的实际形状对其理想形状所允许的变动量，称为形状误差。零件表面的实际位置对其理想位置所允许的变动量，称为位置误差。形状和位置公差简称形位公差。在一张图纸中，标注的公差到底是什么含义呢？详见表 5-1、表 5-2。

表 5-1 形状公差

名称	符号	含义
直线度	——	即平直程度，用以限制实际线加工误差所允许的变动范围
平面度	▱	即平整程度，用以限制实际表面加工误差所允许的变动范围
圆度	○	即横截面接近理论圆的程度，用以限制实际圆加工误差所允许的变动范围
圆柱度	⌭	圆柱度是表示零件上圆柱面外形轮廓上的各点，对其轴线保持等距状况，用以限制实际圆柱面加工误差所允许的变动范围

（续）

名称	符号	含义
线轮廓度	⌒	线轮廓度公差是指非圆曲线的实际轮廓线的允许变动量，用以限制实际曲线加工误差所允许的变动范围
面轮廓度	◠	面轮廓度公差是指非圆曲面的实际轮廓线，对理想轮廓面的允许变动量，用以限制实际曲面加工误差的变动范围

表 5-2　位置公差

类别	名称	符号	含义
定向	平行度	∥	平行度公差是指被测要素的实际方向与基准平行的理想方向之间所允许的最大变动量
	垂直度	⊥	垂直度公差是表示零件上被测实际要素相对于基准要素，保持正确的 $90°$ 的最大变动量
	倾斜度	∠	倾斜度是表示零件上两要素相对方向保持任意给定角度的正确状况。倾斜度公差是指被测要素的实际方向对于基准任意给定角度的理想方向之间所允许的最大变动量
定位	对称度	═	对称度表示零件上两对称中心要素保持在同一中心平面内的状况。对称度公差是指实际要素的对称中心面（中心线、轴线）对理想对称平面所允许的变动量
	同轴度	◎	同轴度表示零件上被测轴线相对于基准轴线保持在同一直线的状况，也就是通常所说的共轴程度。同轴度公差是：被测实际轴线相对于基准轴线所允许的变动量
	位置度	⊕	位置度表示零件上的点、线、面等要素，相对其理想位置的准确状况。位置公差是指被测要素的实际位置相对于理想位置所允许的最大变动量
跳动	圆跳动	↗	圆跳动是被测实际要素绕基准轴线作无轴向移动、回转一周中，由位置固定的指示器在给定方向上测得的最大与最小读数之差

（续）

类别	名称	符号	含义
跳动	全跳动	↗↗	全跳动是指零件绕基准轴线作连续旋转时，沿整个被测表面上的跳动量。全跳动公差是指被测实际要素绕基准轴线连续的旋转，同时指示器沿其理想轮廓相对移动时，所允许的最大跳动量

162. 目前在钳工、车工工种中常用的量具有哪些？怎样使用？

量具就是在机械加工过程中，或机械加工完成以后的检验中，对工件尺寸、角度、弧度等进行测量的工具。目前，钳工和车工常用的量具有游标卡尺，千分尺（内径，外径），高度尺，深度千分尺，角度尺，塞尺、齿厚公法线千分尺、内外螺纹规、R规、百分表、千分表、量块块规、粗糙度对照样块、高度仪、投影仪等。

量具的种类很多，最常用的有游标卡尺、千分尺等。

（1）游标卡尺　游标卡尺是一种比较精密的量具，在测量中用得最多。

①游标卡尺的构造，见图 5 - 2。

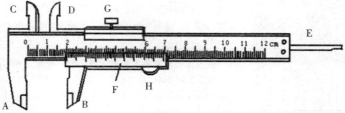

图 5 - 2　游标卡尺装置图

A、B. 下量爪　C、D. 上量爪　E. 测深直尺　F. 游标　G. 紧固螺丝

②游标卡尺的应用：游标卡尺可用来测量工件的宽度、外

径、内径和深度。

③游标卡尺的刻线原理与读数方法，可分三分步骤：首先，根据副尺零线以左的主尺上的最近刻度读出整毫米数；其次，根据副尺零线以右与主尺上的刻度对准的刻线数乘上0.02读出小数；最后，将上面整数和小数两部分加起来，即为总尺寸。

（2）千分尺

①用途和构造：千分尺（又叫螺旋测微器）是比游标卡尺更精密的测量长度的工具，用它测长度可以准确到0.01毫米，测量范围为几个厘米。螺旋测微器的构造如图5-3所示。

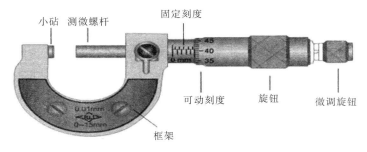

图5-3　千分尺

②原理和使用：千分尺是依据螺旋放大的原理制成的，即螺杆在螺母中旋转一周，螺杆便沿着旋转轴线方向前进或后退一个螺距的距离。因此，沿轴线方向移动的微小距离，就能用圆周上的读数表示出来。螺旋测微器的精密螺纹的螺距是0.5毫米，可动刻度有50个等分刻度，可动刻度旋转一周，测微螺杆可前进或后退0.5毫米，因此旋转每个小分度，相当于测微螺杆前进或后退0.5/50＝0.01毫米。可见，可动刻度每一小分度表示0.01毫米，所以螺旋测微器可准确到0.01毫米。由于还能再估读一位，可读到毫米的千分位，故名千分尺。

测量时，当小砧和测微螺杆并拢时，可动刻度的零点若恰好与固定刻度的零点重合，旋出测微螺杆，并使小砧和测微螺杆的面正好接触待测长度的两端，那么测微螺杆向右移动的距离就是所测的长度。这个距离的整毫米数由固定刻度上读出，小数部分则由可动刻度读出。

③使用螺旋测微器应注意以下几点：螺旋测微器是一种精密的量具，使用时应小心谨慎，动作轻缓，不要让它受到打击和碰撞。螺旋测微器内的螺纹非常精密，使用时要注意旋钮和测力装置在转动时都不能过分用力；当转动旋钮使测微螺杆靠近待测物时，一定要改旋测力装置，不能转动旋钮使螺杆压在待测物上；当测微螺杆与测砧已将待测物卡住或旋紧锁紧装置的情况下，决不能强行转动旋钮。有些千分尺为了防止手温使尺架膨胀引起微小的误差，在尺架上装有隔热装置。实验时应手握隔热装置，而尽量少接触尺架的金属部分。使用千分尺测同一长度时，一般应反复测量几次，取其平均值作为测量结果。千分尺用毕后，应用纱布擦干净，在测砧与螺杆之间留出一点空隙，放入盒中，如长期不用可抹上黄油或机油，放置在干燥的地方。注意不要让它接触腐蚀性的气体。

量具正确使用和维护保养的重要性众所周知，量具的精度决定着机加工产品的精度，量具精度不够，其测量结果就不准确，也就无法真正确认产品合格与否。每种量具都有它的使用精度及使用寿命，如果没有正确地对量具进行适当的维护保养，会严重地影响到量具的使用精度及使用寿命

163. 你了解常用的金属材料吗？

在机加工行业有很多常用的金属材料，其中铁、钢、铝、铜、钛的使用范围广泛且非常常见。

（1）铸铁　铸铁是由多种元素组合的混合物的名称，它们包括碳、硅和铁。其中碳的含量越高，在浇注过程中其流动特性就

越好。碳在这里以石墨和碳化铁两种形式出现。分为灰铸铁、球墨铸铁等。

①铸铁牌号：

灰铸铁用"HT＋数字"表示，HT 表示灰铁两个拼音字首，数字表示最低的抗拉强度（兆帕）。例如：HT150 表示灰铸铁的抗拉强度为 150 兆帕。

球墨铸铁用"QT＋A 组数字-B 组数字"表示，QT 是球铁两个拼音字首，A 组数字表示最低的抗拉强度（兆帕），B 组数字表示最低伸长率。如 QT600－3 表示球墨铸铁最低的抗拉强度 600 兆帕，伸长率为 3。

②铸铁特性：优秀的流动性、低成本、良好的耐磨性、低凝固收缩率、很脆、高压缩强度、良好的机械加工性。

③典型用途：建筑、桥梁、工程部件、家居、以及厨房用具等领域。

（2）钢材　钢材的种类很多，有碳素结构钢、碳素工具钢、合金结构钢，铸钢、合金铸钢等。

①钢材牌号：碳素结构钢由 Q＋数字＋质量等级符号＋脱氧方法符号组成。它的钢号冠以"Q"，代表钢材的屈服点，后面的数字表示屈服点数值，单位是 MPa 例如 Q235 表示屈服点（σs）为 235 MPa 的碳素结构钢。必要时钢号后面可标出表示质量等级和脱氧方法的符号。质量等级符号分别为 A、B、C、D。脱氧方法符号：F 表示沸腾钢；b 表示半镇静钢；Z 表示镇静钢；TZ 表示特殊镇静钢，镇静钢可不标符号，即 Z 和 TZ 都可不标。例如 Q235－AF 表示 A 级沸腾钢。

优质碳素结构钢，用两位数字表示钢的平均含碳量的万分数；如 45 号钢。

碳素工具钢，钢号冠以"T"，以免与其他钢类相混；钢号中的数字表示碳含量，以平均碳含量的千分之几表示。例如"T8"表示平均碳含量为 0.8%。

合金结构钢，钢号开头的两位数字表示钢的碳含量，以平均碳含量的万分之几表示，如 40Cr。

②钢材特性：可根据用途进行控制。与铁比，有高的韧性、强度和硬度。焊接性能很好或较好。

③典型用途：广泛用于工业、民用、军用的设备与器具上。是人们生产、生活不可缺少的材料。

（3）铝　铝并不是以直接的金属元素的形式存在于自然界中，而是从含 50％氧化铝（亦称矾土）的铝土矿中提炼出来的。以这种形态存在于矿物中的铝也是我们地球上储量最丰富的金属元素之一。

①纯铝牌号：纯铝按其纯度分为高纯铝、工业高纯铝和工业纯铝三类。焊接主要是工业纯铝，工业纯铝的纯度为 99.7％～98.8％，其牌号有 L1、L2、L3、L4、L5、L6 六种；L 是"铝"字汉语拼音字首，其后所附顺序号愈大，其纯度愈低。

②材料特性：柔韧可塑、易于制成合金、高强度-重量比、出色的防腐蚀性、易导电导热、可回收。

③典型用途：交通工具骨架、飞行器零部件、厨房用具、包装以及家具。铝也经常被用以加固一些大型建筑结构，比如伦敦皮卡迪利广场上的爱神雕像，以及纽约克莱斯勒汽车大厦的顶部等，都曾用铝质加固材料。

（4）铜　铜是一种让人难以置信的万用金属，它与我们的生活密切相关。

①纯铜牌号：T1、T2、T3，T 代表铜，数字分别表示 1 号铜、2 号铜、3 号铜。

②材料特性：很好的防腐蚀性、极好的导热、导电性能、坚硬、柔韧、具延展性、抛光后效果独特等。

③典型用途：电线、发动机线圈、印刷电路、屋面材料、管道材料、加热材料、首饰、炊具。它也是制作青铜的主要合金成分之一。

（5）钛　钛是一种很特别的金属，质地非常轻盈，却又十分坚韧和耐腐蚀，在常温下终身保持本身的色调。钛的熔点与铂金相差不多，因此常用于航天、军工精密部件。加上电流和化学处理后，会产生不同的颜色。钛有优异的抗酸碱腐蚀性，在"王水"中浸泡了几年的钛，依旧锃亮，光彩照人。若把钛加到不锈钢中，只加百分之一左右，就能提高抗锈本领。

①材料特性：非常高的强度-重量比、优良的抗腐蚀性、难以进行冷加工、良好的可焊接性，大约比钢轻 40%、比铝重 60%，低导电性、低热胀率、高熔点。

②典型用途：高尔夫球杆、网球拍、便携式电脑、照相机、行李箱、外科手术植入物、飞行器骨架、化学用具以及海事装备等。另外，钛也被用作纸张、绘画以及塑料等所需的白色颜料。

164. 如何改变钢铁材料切削加工性能？

切削加工金属材料的难易程度称为切削加工性能。一般由工件切削后的表面粗糙度及刀具寿命等方面来衡量。影响切削加工性能的因素主要有工件的化学成分、金相组织、物理性能、力学性能等。铸铁比钢切削加工性能好，一般碳钢比高合金钢切削加工性能好。金属材料的切削加工性比较复杂，很难用一个指标来评定，通常用以下四个指标来综合评定：切削时的切削抗力、刀具的使用寿命、切削后的表面粗糙度及断屑情况。如果一种材料在切削时的切削抗力小，刀具寿命长，表面粗糙度值低，断屑性好，则表明该材料的切削加工性能好。另外，也可以根据材料的硬度和韧性做大致的判断。硬度在 170～230 布氏硬度，并有足够脆性的金属材料，其切削加工性良好；硬度和韧性过低或过高，切削加工性均不理想。

通常我们采用热处理的方式改变金属的切削性能。金属热处理是将金属工件放在一定的介质中加热到适宜的温度，并在此温度中保持一定时间后，又以不同速度冷却的一种工艺方法。金属热处理是机械制造中的重要工艺之一，与其他加工工艺相比，热处理一般不改变工件的形状和整体的化学成分，而是通过改变工件内部的显微组织，或改变工件表面的化学成分，赋予或改善工件的使用性能。其特点是改善工件的内在质量，而这一般不是肉眼所能看到的。

为使金属工件具有所需要的力学性能、物理性能和化学性能，除合理选用材料和各种成型工艺外，热处理工艺往往是必不可少的。钢铁是机械工业中应用最广的材料，钢铁显微组织复杂，可以通过热处理予以控制，所以钢铁的热处理是金属热处理的主要内容。另外，铝、铜、镁、钛等及其合金也都可以通过热处理改变其力学、物理和化学性能，以获得不同的使用性能。热处理工艺包括：退火→正火→淬火→回火。

（1）退火　将工件加热到适当温度，根据材料和工件尺寸采用不同的保温时间，然后进行缓慢冷却（冷却速度最慢），目的是使金属内部组织达到或接近平衡状态，获得良好的工艺性能和使用性能，或者为进一步淬火做组织准备。

应用范围：铸钢件及具有成分偏析的锻轧件；铸、焊件及中碳钢和中碳合金钢锻轧件等；铸、焊件及中碳钢和中碳合金钢锻轧件等；工模具及轴承钢件，结构钢冷挤压件等。

（2）正火　将工件加热到适宜的温度后在空气中冷却，正火的效果同退火相似，只是得到的组织更细，常用于改善材料的切削性能，也有时用于对一些要求不高的零件作为最终热处理。

应用范围：①用于低碳钢，正火后硬度略高于退火，韧性也较好，可作为切削加工的预处理；②用于中碳钢，可代替调质处理（淬火＋高温回火）作为最后热处理，也可作为用感应加热方法进行表面淬火前的预备处理；③用于工具钢、轴承钢、渗碳钢等，可以消降或抑制网状碳化物的形成，从而得到球化退火所需的良好组织；④用于铸钢件，可以细化铸态组织，改善切削加工性能；⑤用于大型锻件，可作为最后热处理，从而避免淬火时较大的开裂倾向；⑥用于球墨铸铁，使硬度、强度、耐磨性得到提高，如用于制造汽车、拖拉机、柴油机的曲轴、连杆等重要零件。

（3）淬火　将工件加热保温后，在水、油或其他无机盐、有机水溶液等淬冷介质中快速冷却。淬火后钢件变硬，但同时变脆。

应用范围：主要适用于大型工件或小批量生产，优点是设备简单操作方便，缺点是加热温度及淬硬层深度不易控制。

（4）回火　为了降低钢件的脆性，将淬火后的钢件在高于室温而低于710℃的某一适当温度进行长时间的保温，再进行冷却，这种工艺称为回火。

应用范围：主要应用于各类高碳钢的工具、刃具、量具、模具、滚动轴承、弹簧、发条、锻模、各种较重要的受力结构件，如连杆、螺栓、齿轮及轴类零件等。

退火、正火、淬火、回火是整体热处理中的"四把火"，其中的淬火与回火关系密切，常常配合使用，缺一不可。

表面热处理是只加热工件表层，以改变其表层力学性能的金属热处理工艺。为了只加热工件表层而不使过多的热量传入工件内部，使用的热源须具有高的能量密度，即在单位面积的工件上给予较大的热能，使工件表层或局部能短时或瞬时达到高温。表面热处理的主要方法有激光热处理、火焰淬火和感应加热热处理，常用的热源有氧乙炔或氧丙烷等火焰、感应电流、激光和电子束等。

二、钳工

165. 常用的钳工工具有哪些？

钳工常用工具钳工工作台、虎钳、锤子、錾子、手锯、锉刀、钻头、丝锥等。

（1）钳工工作台（图5-4）

钳工工作台也称为钳台，有单人用和多人用两种，一般用木材或钢材做成。要求平稳、结实，其高度为 800～900 毫米，长和宽依工作需要而定。钳口高度恰好齐人手肘为宜，钳台上必须装防护网，其抽屉用来放置工、量用具。

（2）虎钳（图5-5） 用来夹持工件，其规格以钳口的宽度来表示，有 100 毫米、125

图5-4 钳台

毫米、150 毫米三种。工件的装夹应尽量在虎钳钳口的中部，以使钳口受力均衡，夹紧后的工件应稳固可靠。只能用手扳紧手柄来夹紧工件，不能用套筒接长手柄加力或用手锤敲击手柄，以防损坏虎钳零件。

（3）锤子（图5-6） 手锤柄必须用硬木料做成，大小长短要适宜。手锤的规格通常以锤头的质量来表示，有 0.25 千克、0.5 千克、0.75 千克、1 千克等几种。

图5-5 虎钳

图5-6 锤子

（4）錾子（图5-7） 錾子是钳工加工中常用的加工工具，

通过凿、刻、旋、削加工材料的工具，具有短金属杆，在一端有锐刃，一般可分为阔錾、狭錾和油槽錾。

（5）手锯（图 5-8）　锯削加工时所用的工具为手锯，它主要由锯弓和锯条组成。锯弓用来安装并张紧锯条，分为固定式和可调式。锯条用碳素工具钢或合金钢制成，并经过热处理淬硬。常用的手工锯条长 300 毫米，宽 12 毫米，厚 0.8 毫米。

（6）锉刀（图 5-9）　锉刀是锉削的主要工具，常用碳素工具钢 T12、T13 制成，并经热处理淬硬至洛氏硬度 62～67。锉刀的种类。按用途来分，锉刀可分为普通锉、特种锉和整形锉（什锦锉）三类。普通锉按其截面形状可分为平锉、方锉、圆锉、半圆锉及三角锉五种。按其长度可分为 100 毫米、150 毫米、200 毫米、250 毫米、300 毫米、350 毫米及 400 毫米七种。

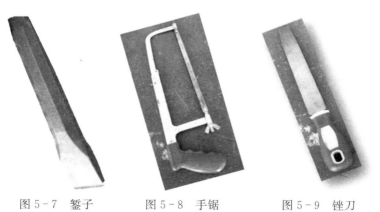

图 5-7　錾子　　　　图 5-8　手锯　　　　图 5-9　锉刀

（7）钻头（图 5-10）　钻头是钻孔用的主要刀具，用高速钢制造，工作部分热处理淬硬至 HRC62～65。柄部，是钻头的夹持部分，起传递动力的作用。

（8）丝锥（图 5-11）　丝锥为一种加工内螺纹的刀具，按照形状可以分为螺旋丝锥和直刃丝锥，按照使用环境可以分为手用丝锥和机用丝锥。机用和手用丝锥是切制普通螺纹的标准丝锥。中国习惯上把制造精度较高的高速钢磨牙丝锥称为机用丝锥，把碳素工具钢或合金工具钢的滚牙（或切牙）丝锥称为手用丝锥，供加工螺母或其他机件上的普通内螺纹用（即攻丝）。机用丝锥通常是指高速钢磨牙丝锥，适用于在机床上攻丝；手用丝锥是指碳素工具钢或合金工具钢滚牙（或切牙）丝锥，适用于手工攻丝。丝锥是加工各种中、小尺寸内螺纹的刀具，它结构简单，使用方便，既可手工操作，也可以在机床上工作，在生产中应用得非常广泛。

图 5 - 10　钻头　　　　　图 5 - 11　丝锥

166. 钳工的工作内容有哪些？工作要领是什么？

钳工的工作内容包括：划线、锯削、锉削、钻孔、攻螺纹。

（1）划线　划线是根据图样和技术要求，在毛坯或半成品上用划线工具画出加工界线，划线工具包含：划线平台、划线方箱、游标高度尺、钢尺等工具（图 5 - 12～图 5 - 15）。

其划线步骤为：

①研究图纸，确定划线基准，详细了解需要划线的部位；

②以及有关的加工工艺；

③初步检查毛坯的误差情况，去除不合格毛坯；

④工件表面涂色（蓝油）；

⑤正确安放工件和选用划线工具；

⑥划线；

⑦详细检查划线的精度以及线条有无漏划；

⑧在线条上打冲眼。

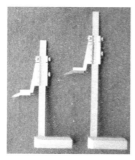

图 5 - 12　游标高度尺

图 5 - 13　划线平台

图 5 - 14　划线方箱

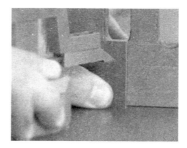

图 5 - 15　安放工件示意图

（2）锯削

①工件的装夹。工件应夹在虎钳的左边，夹持应该牢固，防止工件松动或使锯条折断。

②锯条的安装。安装锯条时松紧要适当，过松或过紧都容易使锯条在锯削时折断，安装锯条时一定要保证齿尖的方向朝前。

③起锯。起锯的好坏直接影响锯削质量，起锯的方式有远边起锯和近边起锯两种，一般情况下采用远边起锯，起锯角 α 以

15°为宜。

④锯削姿势。右手握稳锯柄，左手扶在锯弓前端，锯削时推力和压力主要由右手控制。锯削时，手握锯弓要伸展自然，右手握住手柄向前施加压力，左手轻扶在弓架前端，稍加压力。人体重量均布在两腿上。锯削时速度不宜过快，以每分钟 40 次左右为宜，并应用锯条全长的三分之二工作，以免锯条中间部分迅速磨钝（图 5-16、图 5-17）。

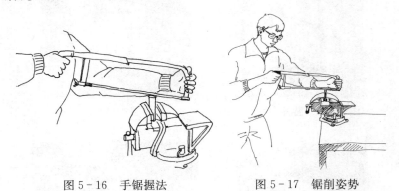

图 5-16　手锯握法　　　　　图 5-17　锯削姿势

（3）锉削

①锉刀的握法。大锉刀的握法，右手心抵着锉刀木柄的端头，大拇指放在锉刀木柄的上面，其余四指弯在下面，配合大拇指捏住锉刀木柄。小锉刀的握法，右手食指伸直，拇指放在锉刀木柄上面，食指靠在锉刀的刀边，左手几个手指压在锉刀中部（图 5-18、图 5-19）。

②锉削姿势。锉削时，两脚站稳不动，靠左膝的屈伸使身体做往复运动，开始锉削时身体要向前倾 10°左右，左肘弯曲，右肘向后，锉刀推出 1/3 行程时，身体向前倾斜 15°左右，这时左腿稍弯曲，左肘稍直，右臂向前推。锉刀推到 2/3 行程时身体逐渐倾斜到 18°左右。左腿继续弯曲，左肘渐直，右臂向前使锉刀继续推进，直到推尽，身体随着锉刀的反作用退回到 15°位置。

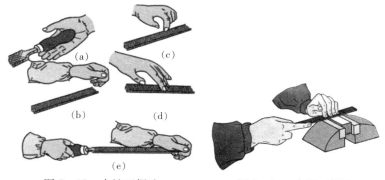

图 5－18 大锉刀握法　　图 5－19 小锉刀握法

③锉削力的运用。锉削时，对锉刀的总压力不能太大，因为锉齿存屑空间有限，压力太大只能使锉刀磨损加快。但压力也不能过小。

④锉削质量问题。平面中凸、塌边和塌角：由于操作不熟练，锉削力运用不当或锉刀选用不当所造成。形状、尺寸不准确：由于划线错误或锉削过程中没有及时检查工件尺寸所造成。

（4）钻孔　钳工加工孔的方法一般是指钻孔。用钻头在实心工件上加工孔叫钻孔。

①钻通孔。在孔将被钻透时，进给量要减少，变自动进给为手动进给；

②钻深孔。直径（D）超过 30 毫米的孔应分两次钻。第一次用（5～7）D 的钻头先钻，然后再用所需直径的钻头将孔扩大到所要求的直径。

（5）攻螺纹　攻螺纹是用丝锥在工件内圆柱面上加工出内螺纹。工件装夹时，要使孔中心垂直于钳口，防止螺纹攻

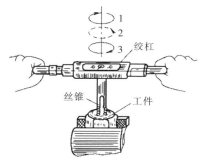

图 5－20 攻螺纹

歪。用头锥攻螺纹时，先旋入 1～2 圈后，要检查丝锥是否与孔端面垂直。

167. 如何进行机械装配?

任何一台机器设备都是有许多零件所组成，将若干合格的零件按规定的技术要求组合成部件，或将若干个零件和部件组合成机器设备，并经过调整、试验等成为合格产品的工艺过程称为装配。例如一辆自行车有几十个零件组成，前轮和后轮就是部件。

装配是机器制造中的最后一道工序，因此它是保证机器达到各项技术要求的关键。装配工作的好坏，对产品的质量起着重要的作用。

（1）装配的工艺过程（图 5-21）

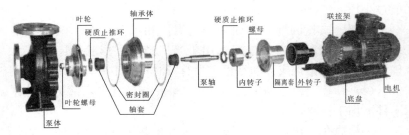

图 5-21　装配工艺过程

①装配前的准备工作。

a. 研究和熟悉装配图的技术条件，了解产品的结构和零件作用，以及相连接关系。

b. 确定装配的方法、程序和所需的工具。

c. 领取和清洗零件。

②装配（图 5-22）。

装配又有组件装配、部件装配和总装配之分，整个装配过程要按次序进行。

a. 组件装配。将若干零件安装在一个基础零件上而构成组件。如减速器中一根传动轴，就由轴、齿轮、键等零件装配而成的组件。

b. 部件装配。将若干个零件、组件安装在另一个基础零件上而构成部件（独立机构）。如车床的床头箱、进给箱、尾架等。

c. 总装配。将若干个零件、组件、部件组合成整台机器的操作过程称为总装配。例如车床就是把几个箱体等部件、组件、零件组合而成。

图 5-22　装配示意图

③装配工作的要求。

a. 装配时，应检查零件与装配有关的形状和尺寸精度是否合格，检查有无变形、损坏等，并应注意零件上各种标记，防止错装。

b. 固定连接的零部件，不允许有间隙。活动的零件，能在正常的间隙下，灵活均匀地按规定方向运动，不应有跳动。

c. 各运动部件（或零件）的接触表面，必须保证有足够的润滑、若有油路，必须畅通。

d. 各种管道和密封部位，装配后不得有渗漏现象。

e. 试车前，应检查个部件连接的可靠性和运动的灵活性，各操纵手柄是否灵活和手柄位置是否在合适的位置；试车前，从低速到高速逐步进行。

（2）典型组件装配方法

①螺钉、螺母的装配。

螺钉、螺母的装配是用螺纹的连接装配，它在机器制造中广泛使用。装拆、更换方便，易于多次装拆。螺钉、螺母装配中的注意事项：

a. 螺纹配合应做到用手能自由旋入，过紧会咬坏螺纹，过松则受力后螺纹会断裂。

b. 螺母端面应与螺纹轴线垂直，以受力均匀。

c. 装配成组螺钉、螺母时，为保证零件贴合面受力均匀，应按一定要求旋紧，并且不要一次完全旋紧，应按次序分两次或三次旋紧。

d. 对于在变载荷和振动载荷下工作的螺纹连接，必须采用防松保险装置。

②滚动轴承的装配。

滚动轴承的装配多数为较小的过盈配合，装配时常用手锤或压力机压装。轴承装配到轴上时，应通过垫套施力于内圈端面上；轴承装配到机体孔内时，则应施力于外圈端面上；若同时压到轴上和机体孔中时，则内外圈端面应同时加压。

如果没有专用垫套时，也可用手锤、铜棒沿着轴承端面四周对称均匀地敲入，用力不能太大。如果轴承与轴是较大过盈配合时，可将轴承吊放到 80～90℃ 的热油中加热，然后趁热装配。

（3）拆卸工作的要求

①机器拆卸工作，应按其结构的不同，预先考虑操作顺序，以免先后倒置，或贪图省事猛拆猛敲，造成零件的损伤或变形。

②拆卸的顺序，应与装配的顺序相反。

③拆卸时，使用的工具必须保证对合格零件不会发生损伤，严禁用手锤直接在零件的工作表面上敲击。

④拆卸时，零件的旋松方向必须辨别清楚。

⑤拆下的零部件必须有次序、有规则地放好，并按原来结构套在一起，配合件上做记号，以免搞乱。对丝杠、长轴类零件必

须将其吊起，防止变形。

三、车工

168. 车床可以加工什么零件?

车床可以加工尺寸精度达到 IT8 级（表 5-3），表面粗糙度从 Ra1.6 到 Ra3.2 的回转体零件，主要是轴类、轮盘类、轴套、轮盘等，也可以加工方形的件，但是需要配合适的夹具。

表 5-3　公差等级

基本尺寸（毫米）	公差等级（微米）							
	IT5	IT6	IT7	IT8	IT9	IT10	IT11	IT12
>6～10	6	9	15	22	36	58	90	150
>10～18	8	11	18	27	43	70	110	180
>18～30	9	13	21	33	52	84	130	210
>30～50	11	16	25	39	62	100	160	250
>50～80	13	19	30	46	74	120	190	300
>80～120	15	22	35	54	87	140	220	350
>120～180	18	25	40	63	100	160	250	400
>180～250	20	29	46	72	115	185	290	460
>250～315	23	32	52	81	130	210	320	520
>315～400	25	36	57	89	140	230	360	570
>400～500	27	40	63	97	155	250	400	630

车床主要完成回转体的加工内容见表 5-4。

表 5-4 回转体加工内容图示

加工内容	图示	加工内容	图示
车端面		车外圆	
车外锥面		切槽（断）	
车孔		切内槽	
钻中心孔		钻孔	

（续）

加工内容	图示	加工内容	图示
铰孔		车外螺纹	
车内螺纹		攻螺纹	
车成型面		滚花	

169. 车工需要掌握哪些技能？

（1）装夹零件。

（2）装夹刀具　安装刀具高度接近于零件圆柱端面圆心，刀具伸出长度适中。

（3）选择转数和进给　一般情况下粗加工选择500转/分左右，精加工选择800转/分左右即可。初学者进给可以选慢一点，暂时不用保证加工效率。

（4）对刀　手动操作大、小刻度盘，调节刀具位置在零件末端，慢慢向－X方向移动刀具，一定要慢，直到刀具刚刚切削到工件，记下此时刻度盘的数值，X轴对刀完毕。慢慢向－Z方向移动刀具，直到刀具刚刚切削到工件。记下此时刻度盘的数值，Z轴对刀完成。

（5）选择背吃刀量　初学者一般选用0.5毫米即可。

（6）车削加工技能（表5-5）。

表 5-5　车前加工技能图示及操作要点

加工技能	图示	使用刀具	操作要点
车外圆		外圆车刀	①X方向对刀； ②向－X方向移动直到指定位置； ③Z方向对刀； ④操纵自动进给杆向左扳动（即－Z方向），开始切削，等到刀具移动至想要切削的长度之后，扳回自动进给操纵杆； ⑤向＋X方向扳动操纵杆，等刀具完全离开工件时，可以使用快速移动，使刀具远离工件，停车
车端面		外圆车刀	①Z方向对刀； ②向＋X方向移动刀具，退到安全位置； ③向－Z方向移动刀具，观察刻度到指定位置； ④向－X方向扳动操纵杆，观察刻度盘，直至端面加工完成

（续）

加工技能	图示	使用刀具	操作要点
车外锥面		外圆刀	①转动分度盘，将角度调至锥面角度； ②Z 方向对刀； ③X 方向对刀； ④向－X 方向移动刀具到指定位置； ⑤向－Z 方向扳动操纵杆，直到切削完成； ⑥如切削量大，需要多次加工
钻中心孔		中心钻	①主轴正转； ②尾座安装中心钻； ③移动尾座，直到中心钻接触工件，慢速移动，钻出中心孔
钻孔		钻头	①主轴正转； ②尾座安装钻头； ③移动尾座，直到钻头接触工件，慢速移动，直到钻孔完成
镗孔		镗孔刀	①Z 方向对刀； ②X 方向沿孔内壁对刀，出削即可； ③车削内孔方法与车削外圆方法相同，但 X 进刀、退刀方向相反，Z 轴不变
铰孔		铰刀	①尾座安装铰孔刀； ②主轴正转； ③向－Z 轴移动尾座，接触后慢速移动，直到指定位置； ④向＋Z 方向移动尾座，直到离开工件

（续）

加工技能	图示	使用刀具	操作要点
车内螺纹		内螺纹刀	①按要求调整加工螺纹档位；②Z轴对刀；③X轴对刀；④利用开合螺母下压与抬起完成走刀；⑤根据螺纹尺寸，多次进刀，完成加工；⑥向－X，＋Z方向移动刀具，远离工件
切槽（断）		切槽刀	①安装槽刀尺寸要小于或等于槽宽；②向－Z轴移动刀具，直到图尺寸位置；③X方向对刀；④向－X方向移动刀具，直到图纸尺寸；⑤向＋X方向移动刀具，直到离开工件；⑥如果槽宽大于切槽刀宽，需要多次进刀完成
切内槽		内切槽刀	①安装槽刀尺寸要小于或等于槽宽；②Z方向对刀；③移动刀具至孔内指定位置；④X轴对刀；⑤向＋X轴方向移动刀具，直到切到槽深尺寸；⑥反向移动刀具，即向－X轴方向移动刀具，离开工件；⑦向＋Z轴方向移动刀具，指到离开工件

（续）

加工技能	图示	使用刀具	操作要点
车外螺纹		螺纹刀	①按要求调整加工螺纹档位；②Z轴对刀；③X轴对刀；④利用开合螺母下压与抬起完成走刀；⑤根据螺纹尺寸，多次进刀，完成加工；⑥向＋X，＋Z方向移动刀具，远离工件
攻螺纹		丝锥	①尾座安装丝锥；②主轴慢速正转；③向－Z轴移动尾座，接触后慢速移动，直到指定位置；④主轴反转，刀具远离工件
滚花		滚花刀	①移动滚花刀直到与工件表面接触；②主轴正转；③向－X方向移动刀具，直至所需要求完成滚花

170. 车刀有哪些种类？

车刀是用于车削加工的、具有一个切削部分的刀具。

（1）车刀按结构可分为整体车刀、焊接车刀、机夹车刀、可转位车刀和成型车刀（表5-6）。其中可转位车刀的应用日益广泛，在车刀中所占比例逐渐增加。

表 5-6　车刀按结构分类

车刀类型	刀具特点	实物图片
整体车刀	刀杆和切削部分是整体材料加工而成	
焊接车刀	焊接式车刀，就是在碳钢刀杆上按刀具几何角度的要求开出刀槽，用焊料将硬质合金刀片焊接在刀槽内，并按所选择的几何参数刃磨后使用的车刀	
机夹车刀	机夹车刀是采用普通刀片，用机械夹固的方法将刀片夹持在刀杆上使用的车刀	

（续）

车刀类型	刀具特点	实物图片
可转位车刀	可转位车刀是使用可转位刀片的机夹车刀。一条切削刃用钝后可迅速转位换成相邻的新切削刃，即可继续工作，直到刀片上所有切削刃均已用钝，刀片才报废回收。更换新刀片后，车刀又可继续工作	
成形车刀	成形车刀是加工回转体成形表面的专用刀具，其刃形是根据工件廓形设计的，可用在各类车床上加工内外回转体的成形表面	

（2）普通车床的刀具按用途分为：90°外圆车刀、93°外圆尖刀、切断刀、外螺纹车刀、内螺纹车刀、镗孔刀、成形车刀等（表5－7）。

表5－7　车刀按用途分类

刀具名称	刀具实物	刀具用途
90°外圆车刀		车端面、外圆

（续）

刀具名称	刀具实物	刀具用途
93°外圆尖刀		精加工
切断刀		切槽、切断
外螺纹车刀		车削外螺纹
内螺纹车刀		车削内螺纹
镗孔刀		车削内孔

（续）

刀具名称	刀具实物	刀具用途
成形车刀		成形车刀是加工回转体成形表面的专用刀具，其刃形是根据工件廓形设计

（3）对车刀材料的基本要求　在车削的过程中，车刀的切削部分是在较大的切削抗力、较高的切削温度和剧烈的摩擦条件下进行工作的。车刀的切削部分是否具备优良的切削性能，直接影响了车刀的寿命长短和切削效率的高低，也影响加工质量的好坏，因此车刀的切削部分材料应该满足以下的要求：

①应该具有高硬度。刀具材料的硬度高于工件的硬度 1.3～1.5 倍；

②应该具有的耐磨性；

③应该具有耐热性；

④应该具有足够的强度和韧性；

⑤应该具有良好的工艺性。

第六章　保安员

一、职业素质

171. **保安员应具备的职业道德有哪些?**

(1) 爱岗敬业、竭诚奉献　爱岗敬业、竭诚奉献是指保安人员要热爱本职工作,要具备强烈的责任感和事业心,尽职尽责,忠于职守,为每一位客户做到热情周到的服务,努力达到客户满意。在日常工作中,保安人员要从小事做起,从一点一滴做起。

(2) 懂文明、讲信誉　懂文明是指在工作中言谈举止要文明,服务要周到,保证服务质量,这是保安人员精神风貌和文明素质的具体体现。在服务中要求保安人员做到语言文明、行为文明和仪表文明;对待服务对象要主动热情、耐心周到。执勤的时候,态度要和蔼,说话要客气,不说粗话、脏话和侮辱人的话。文明礼貌还体现在精神状态和衣着仪表上,保安人员在工作中要精神饱满,着装整洁,举止要端庄。

讲信誉,要求树立客户至上、信誉第一的意识,认真履行合同规定,严格执行合同规定,想客户之所想,急客户之所急,尽职尽责、满腔热情地为客户提供优质服务。诚招天下客,誉从信中来。

懂文明、讲信誉,处理好与客户之间的关系,创造宽松、愉快的工作环境,可以保证顺利完成保安任务。

(3) 不畏艰险、勇于奉献　不畏艰险、勇于奉献是指保安人员在工作中要有吃苦耐劳、敢打硬仗的精神,在紧要关头挺身而出，无私无畏。保安人员的主要任务是为客户提供财产和人身安全保护，不但白天巡逻，晚上还要潜伏守护，处于随时待命的状态。所以保安人员必须具备吃苦耐劳的献身精神，才能坚守岗位，出色地完成任务。

（4）严守纪律，遵纪守法　铁的纪律是完成一切任务的保证。保安人员的纪律是保安服务公司为保证任务的正常进行而制定的行为规则。保安人员的纪律要求大致有：一切行动听指挥、服从分配、坚守岗位、尽职尽责、不擅离职守；维护国家、集体、客户的合法权益，不损害客户利益；严守规章制度，保守秘密、不弄虚作假、不包庇纵容违法犯罪现象；不非法剥夺、限制他人的人身自由；不得非法搜查他人身体、物品、住所和场所；不得辱骂殴打他人；不得敲诈勒索、索取、收受贿赂；不得无故不履行合同义务等。

172. 保安员应具备的基本素质有哪些？

（1）身体素质　身体健康、体格健壮，身高、体重、视力均符合一定的标准。男子身高一般不低于 1.70 米，女子身高一般不低于 1.65 米，并且体态要匀称、结实。

（2）心理素质　心理素质是指工作中应具备的心理品质，包括保安员的认知水平、情感意志特点、个性心理特征和整体心理健康水平等。良好的心理素质是保安员出色完成本职工作的重要保证。良好的心理素质，能帮助保安员敏锐地观察事物，周密地分析问题，尤其是在情况紧急、问题复杂的时候，能保持清醒的头脑，临危不惧，遇难不慌，能够及时准确地解决问题。

（3）文化素质　保安员应具备初中以上学历，特殊岗位还应具备相应的业务知识与技能。

173. 保安员应具备的职业素养有哪些？

（1）专业素养　保安员要掌握专门的防卫技能，如基本拳法、腿法、摔跤技法、擒拿技法等，此外还有器械的使用、警械的使用、剑棍的使用等；还要有一定的防卫意识。保安员的专业素养除了专门的力量、速度、耐力、灵敏度、柔韧度以外，还应包括硬度、反应能力、时空感、身体感觉能力、自我控制能力等。

（2）工作素养　要做到主动服务，就是在客户开口之前进行服务。把自己的情感投入到工作中去，真正从内心理解、关心自己所服务的对象，使工作或服务更具人情味，让客户体会到真正高水准的服务。

要做到热情服务，热情服务是保安员出于对自己所从事职业的肯定，对客户内心的深入理解，而满腔热诚地向客户提供良好而热情的服务。保安员要做到精神饱满、热情好客、平等待人、满面春风。

要做到周到服务，是指在服务内容和项目上，要细致入微，处处方便、体贴客户，千方百计地为客户排忧解难。

174. 保安员的岗位职责有哪些？

（1）执勤、守护、巡逻、押运、随身护卫、人群控制、技术防范、安全咨询等保安服务任务。

（2）利用科技手段和设备执行保安服务任务。

（3）对发生在执勤区域内的不法侵害和治安灾害事故，及时报告客户单位和当地公安机关，采取措施控制事态，保护现场，维护现场秩序。

（4）落实防火、防盗、防爆炸、防破坏和防治安灾害事故等防范措施，发现执勤区域内的安全隐患，立即报告客户单位，并协助给予处置。

（5）保安员对执勤区域内发生的不法侵害行为应及时制止，对不法行为人应移交公安机关或有关部门处理。支持、配合公安机关和其他执法部门依法执行公务。

175. 保安员的行为规范有哪些？

（1）着装规范　工作时间必须着保安制服，因私外出时应着便服；着保安制服时，要按规定佩戴保安标志；保安制服不准与便服混穿，不同季节的保安制服不准混穿；在驻勤单位除工作外，着装时可以不戴帽子；保安制服应干净整洁，不准披衣、敞怀、挽袖、卷裤腿、歪戴帽子、穿拖鞋或赤足；爱护和妥善保管保安制服和保安标志；严禁将保安制服和保安标志变卖、赠送或出租、出借给他人；着装参加重要活动时，应佩戴统一颁发的勋章、奖章和证章。

（2）仪容仪表规范　执勤时应讲普通话或使用当地通用语言，要使用"您好、请、您、对不起、谢谢、再见"等文明用语，语言要简洁准确、文明规范。

执勤时要精神饱满，姿态端正，动作规范，举止文明。不随地吐痰，不乱丢果皮纸屑，不在值勤时擦鼻涕、搓泥垢、剔牙齿、脱鞋袜、吃东西等。

注意个人卫生，常理发、常修面、勤剪指甲，男性保安员不准留长发、大鬓角和胡须，女性保安员发辫不得过肩。不得纹身，不得染发、染指甲，不得化浓妆、戴首饰。

（3）礼节规范　在执勤交接班，纠正违章，受领导接见、慰问或领导视察和检查工作时，参与外事活动或与外宾接触时，在大会上发言开始和结束时，接受颁奖时，需行举手礼。在参加集会、大型活动奏国歌、升国旗时，要自行立正并行注目礼。

（4）纪律规范　在法律规定的范围内开展保安服务工作，不得超越职责权限；严格履行岗位职责，不做与保安服务无关的事情。

不准脱岗、空岗、在岗位上睡觉；不准迟到、早退；不准酒后执勤或在执勤中饮酒，不准在执勤中食用大蒜等气味浓烈的食品。

遵守客户单位内部的规章制度，不准随意打听、记录、传播客户单位内部的机密事项。

有重要情况要妥善处置并及时上报，不准迟报、漏报、瞒报；要认真填写值班记录，做好交接班工作。

要爱护公物，爱护客户财物；未经允许不得动用客户单位物品和接受客户单位赠送的礼品。

176. 保安员需掌握哪些急救常识？

（1）初步了解病情，确定最佳急救方法　首先要及时了解伤势或病情，如心绞痛患者身上往往带有药物，可及时吞服；其次要确定最佳急救方法，如骨折伤者移动时必须极其小心，或者不轻易移动。

（2）分清主次实施急救　遇到重大或特大案件、事件、事故和灾害时，往往会造成多人受伤、死亡，此时，保安员必须保持头脑清楚，对现场数目较多、情况不同的伤者要一一过目，分清主次，遵循先重后轻的原则实施急救。

（3）初步处置，迅速安全转送　因受医疗器械、抢救技术水平及环境所限，紧急救护只能初步处置，一般只能针对伤势或症状进行局部处理，如止血、恢复自主呼吸、脱离险境等，一经处置就要设法尽快将伤病者转送到医院进行全面、彻底的救治。就地抢救时，如果不存在危险，就不要任意移动伤病者，如果伤病者的生命安全仍受到威胁，就要采用正确的移动方法，使伤病者迅速脱离危险地区。对严重的伤病者尤其要尽快转送，以免延误关键治疗时间。在进行就地抢救的同时，应尽快与"120"急救中心或医院取得联系。

（4）紧急救护与现场保护相结合　遇到伤者，保安员要及时对发生了什么事做出初步判断，是车祸、烧伤、触电，还是罪犯行凶造成的伤害等。同时仔细观察周围环境情况，根据需要在现场急救过程中加强现场保护。进行紧急救护的保安员应以两人以上为宜，一人进行急救，另一人打急救电话和维护秩序。

（5）弄清情况，善始善终。

177. 抢救过程中，还要做好哪几个方面的工作？

现场急救的过程，也是调查了解造成伤病原因的过程。因此，担负紧急救护的保安员在抢救过程中，还要同时做好以下几个方面的工作：

凡神志清醒能开口讲话者，要问明本人姓名、单位、联系电话及亲属情况，并了解致伤原因、性质、伤及部位、疼痛感觉等。有条件的要做书面记录。对神志不清，不能讲话的，可以通过其携带的身份证、工作证等掌握其基本情况。向医院或急救中心拨打"120"急救电话时，应当明确告知事发地点、联系方法、具体行走路线，并简要说明致伤致病性质、原因、伤势或症状及其部位、严重程度以及伤病者身边的医疗条件。急救电话打完后，要有人到路口准备迎候救护车辆。

转送伤病者到医院或急救中心后，应及时以书面或口头形式将现场急救的详细情况和所了解到的伤病者基本情况等向医院或急救中心做出说明。

露天紧急救护时，遇到刮风、下雨、下雪等情况，要想方设法寻找雨衣、雨伞等遮挡用品加以遮盖。紧急救护过程中要注意发现因自杀而致伤的人和实施违法犯罪时致伤的人，如是后者一经发现要先稳住对方，严密控制，立即报告上级和公安机关派人处置；同时，要防止其逃跑、自杀、毁灭证据、行凶等。

178. 保安员需掌握哪些现场保护常识？

（1）严格遵守现场保护相关规定　不管是单独执行保护任务，还是与公安机关、民警、保卫干部等共同执行保护任务，都要严格遵守现场保护规定，要服从现场指挥人员的统一指挥，要相互协调，不得随意离岗。在划定现场保护范围时，要仔细观察，不能随意划定；对圈定的警戒线，要积极采取有效措施阻止围观群众进入。要采取一切有效办法保护现场痕迹、物证不遭受人为或自然的破坏。在保护现场的同时，要留心观察现场周围动向，留心收集群众对案件、事故的不同反映。

（2）坚决保守现场秘密　保护现场时，对案情、现场以及现场发现的与犯罪有关的痕迹、物证情况，不能随便议论，更不得向无关人员泄露。

（3）具备处置紧急情况的能力　在保护现场中会经常遇到各种紧急情况，如犯罪嫌疑人仍在现场或准备逃跑，急救，抢险，对个别犯罪痕迹、物品进行特殊保护等。这些均要求现场保护人员要沉着、冷静并能迅速做出反应。遇到突发情况要及时采取措施，做到有条不紊，既要达到抓捕、抢救的目的，又要保护现场。对尚未逃离现场的犯罪嫌疑人应有相应的控制办法；对当场抓获的犯罪嫌疑人，要有一套防止其自杀、行凶、逃跑的办法和技能。

（4）要掌握全面的现场保护知识　保安员到达现场后应立即进入状态，明确该做什么，不该做什么；对可采取的各种措施，要抓住时机并采用最佳方法。

（5）向群众积极宣传现场保护知识　事故、案件发生后，一般是群众首先发现的，很多案件的发现人就是受害者本人、邻居或单位员工。有针对性地对广大员工、群众进行现场保护知识的宣传，可大大降低人为破坏现场的可能性，为现场勘查创造良好的环境和条件。

179. 保安员需掌握哪些消防安全常识？

（1）定期排查，及时消除火灾隐患　定期对消防器材进行检查，保安人员在执行过程中若发现"堵塞消防通道、消防器材年久失修、不按规定配备灭火器"等现象，要及时提醒客户，引起重视，及时修理和更换。必要时可向保安公司领导反映，请领导出面督促解决；严重的也可向有关职能部门报告，采取强制措施让其改正。

（2）针对不同火情采取不同应急处理方法　火灾基本是经过从小到大的发展过程，通常分为初起阶段、发展阶段和猛烈阶段三个阶段，要针对不同阶段采取不同应急处理方法。

火灾初起阶段，火焰小，燃烧弱，易于扑救。发现初起火灾不要惊慌失措，只要发现立即用灭火器材灭火，均能将火扑灭。扑救时要确保自身安全，如烟雾大要用湿毛巾捂住口鼻等。将灭火器对准火焰根部喷射，并尽量使自己处在上风位置。如果是电器导致的火灾，首先要切断电源，防止在救火中触电。

火灾发展阶段，如果火势过猛，要一边灭火，一边向上级和公安机关报告，报告时要冷静，拨打火警电话"119"，讲清起火地点、起火部位，什么物质起火，火势大小，并留下报警用的电话和报警人姓名，安排人员在路口等候消防人员并正确引路。

火灾猛烈阶段，要冷静，不能慌乱，要选择最佳疏散方法组织自救逃生。

180. 常见火灾有哪几种？

（1）普通火灾　由木材、纸张、棉、布、塑胶等固体物质所引起的火灾。

（2）油类火灾　由汽油、石油、煤油等引火性液体及固体油脂引起的火灾。

（3）气体火灾　由天然气、煤气等气体燃烧、爆炸引起的火灾。

（4）金属火灾　由钾、钠、镁、锂及禁水物质引起的火灾。

（5）电器火灾　由电器走火引起的火灾。

181. 常见的灭火器及使用方法有哪些？

（1）手提式泡沫灭火器　适宜扑灭油类及一般物质的初起火

灾。使用时，用手握住灭火器的提环，平稳、快速地提往火场，不要横扛、横拿。灭火时，一手握住提环，另一手握住筒身的底边，将灭火器颠倒过来，喷嘴对准火源，用力摇晃几下，即可灭火。

注意：不要将灭火器的盖、底对着人体，防止盖、底弹出伤人；不要与水同时喷射在一起，以免影响灭火效果；扑灭电器火灾时，首先先切断电源，防止人员触电。

（2）手提式二氧化碳灭火器　适宜扑灭精密仪器、电子设备以及 600 伏以下的电器初起火灾。手提式二氧化碳灭火器有两种使用方式，即手轮式和鸭嘴式。手轮式，一手握住喷筒把手，另一手撕掉铅封，将手轮按逆时针方向旋转，打开开关，二氧化碳气体即喷出；鸭嘴式，一手握住喷筒把手，另一手拔去保险销，将扶把上的鸭嘴压下，即可灭火。灭火人员应站在上风处，持喷筒的手应握在胶纸喷管处，防止冻伤；室内使用后，应加强通风。

（3）手提式干粉灭火器　适宜扑灭油类、可燃气体、电器设备等初起火灾。使用时，先打开保险销，一手握住喷管，对准火源，另一手拉动拉环，即可扑灭火源。手提式"1211"灭火器，适宜扑灭油类、仪器及文物档案等贵重物品的初起火灾。使用时，先撕去铅封，拔去安全保险销，一手抱住灭火器底部，另一手握住压把开关，喷嘴对准火源喷射，松开压把，喷射即停止。

（4）小型家用灭火器　适宜扑灭厨房、客厅、居室内的初起小火，有喷射型及投掷型两种。使用时，喷射型需按下灭火器顶端弹簧按钮，将喷嘴对准着火处，喷射灭火。投掷型只需将其投掷于火中，容器破碎，干粉即泄出灭火。

182. 基本的灭火方法有哪些？

（1）隔离法　将着火的地方和物品与周围可燃物隔离，可以把着火物品移到安全地方或搬走周围可燃物、关闭电源、关闭管道阀门等。

（2）窒息法　组织空气流入燃烧区域，使燃烧物得不到足够的氧气而熄灭，可以用湿棉被、湿麻袋、黄沙、泡沫等难以燃烧的物品盖在燃烧物上。

（3）冷却法　用水和二氧化碳降温，将灭火剂直接喷到燃烧物上，降低燃烧物温度，到燃点以下时，使燃烧停止。

（4）抑制法　用含氟、溴的化学灭火剂喷向火焰，使燃烧链反应中断，达到灭火目的。

183. 火灾现场基本的逃生技巧有哪些？

一旦起火，不管有无烟雾，都应采取防烟措施，如用湿手巾捂住口鼻，稳定情绪，冷静选择逃生办法和途径。如太平门、安全出口、避难间、报警器、灭火器的位置，以及有可能作为逃生器材的物品。

充分利用建筑物本身的避难设施进行自救，如室内外疏散楼梯、消防电梯、救生滑梯、救生袋等。要利用建筑物本身及附近的自然条件自救，如阳台、窗台、屋顶等就近建筑物的物体。

在无法突围的情况下，应设法向浴室、卫生间之类的室内既无可燃物又有水源的地方转移，进入后立即关闭门窗打开水龙头，并阻止烟雾的侵入。

在非跳即死的情况下，跳楼时要抱一些棉被、沙发垫等松软的物品，选择往楼下的车棚、草地、水池或树上跳，以减小冲击力。不到万不得已时，一定要坚持等待消防队的救援。

不要向狭窄的角落逃避，如床下、墙角、桌底等，不要乘坐电梯，因为烟雾和热气流的涌入，会造成电梯变形，使电梯不能正常运行。

二、企业保安

184. 企业保安应具备的职业道德有哪些？

（1）热爱本职工作，忠诚于公司，与公司保持高度一致。

（2）为人正直，以身作则，处事公正，对工作有高度的责任感，不玩忽职守。

（3）坚持原则，作风正派，明辨是非，敢于制止违章行为，敢于同违法犯罪分子作斗争。

（4）严格执行各项规章制度，认真履职，主动做好安全防范工作。

（5）认真学习政治理论和法律知识，不断提高自身素质和业务技能。

185. 企业保安门卫工作职责有哪些？

（1）必须着装上岗，服装统一整洁，站立时姿势正确大方，执勤中讲究文明礼貌。

（2）提前十分钟到岗，做好交接班记录。

（3）注意礼貌与涵养，对来访人员要文明问询、主动引导，不得以任何理由粗暴对待客户。

（4）按规定检查职工迟到、早退现象。

（5）严格执行人、物进出管理规定，负责人、物进出的登记、检查等。

（6）对送货客户或司机要热情问候，以礼相待，并负责通知相关部门人员来验收货物。

（7）由企业领导陪同的重要客人，不必办理登记手续，但须登记进入人数和时间。客人出门后，要注明离开时间。公司其他人员陪来客进入时，须先登记对方身份和事由，离开时须注明访客离厂时间。

（8）严禁员工亲属、朋友在上班时间来公司会面，有特殊情况者，保安可通知当事人在门口见面。

（9）非本公司车辆进入，车中人员应先办理登记手续才可进入，车辆须按规定停在指定地方。

（10）货运车辆进出厂区时，需出具送货证明或物品出门证，方可放行。

（11）坚守岗位，严禁睡岗、串岗、空岗、看电视、看书刊、吸烟、喝酒等。

（12）时刻保持值班室内外卫生清洁，不准随地吐痰、乱扔果皮等。

186. 企业保安巡逻工作职责有哪些？

（1）认真巡查公司各楼层，及时检查设施、设备，发现不安全因素立即查明情况，有效排除险情并及时向上级报告。

（2）巡查可疑人员，及时将推销及闲杂人员劝离公司。巡逻中注意发现可疑的人、事、物，发现问题及时赶往现场，并维护好现场秩序，保护好现场。

（3）员工下班后，负责检查办公区、车间、仓库等电源及门、窗关闭情况，切实做好防火、防盗、防破坏、防自然灾害等工作。

（4）负责公司车间内外巡逻，并做好记录，及时发现并处理不法事件。

（5）对公司发生的偷盗、打架等恶性事件及时排查、审理并协助相关部门侦破处理。

（6）巡逻时要对重点防范部位加强巡视，打击犯罪，保护公司财产及员工人身安全。

187. 企业保安监控室岗位职责有哪些？

（1）负责监控室电视屏幕及消防监测设备的监视工作。

（2）负责监控室内的卫生清扫工作。

（3）发现异常情况和可疑人员及时报告，并通知相应保安员到现场查看。

（4）负责监控录像带的管理工作。

（5）发现火警立即按报警程序报警。

188. 企业保安停车场岗位职责有哪些？

（1）负责引导进出车辆，指挥车辆停放在规定位置。

（2）负责巡查车辆及车场设施情况，做好车况记录，对有损伤车辆请司机签名确认。

（3）负责检查车场消防器材的完好情况，保持消防通道的畅通。

（4）负责车场的安全管理，维持车场秩序。

（5）负责进入停车场车辆停放费用的收取工作。

（6）做好当值期间的各项情况记录工作。

189. 企业保安应掌握哪些应急处理常识？

（1）遇到企业员工违反考勤制度，中途溜岗，拒不打卡时，要严格按规定办事，不徇私情，但要委婉劝说，尽量减少正面冲突；对少数蛮横、粗暴的员工，应及时与单位行政部门取得联系，由其负责处理。

（2）员工或外来人员携物出门未办理合法手续，要依规定处理，问明情况，补办手续后方可放行。

（3）提货人员与保管员内外勾结，偷窃产品或零部件，视情节而定，首先要说服教育，让其主动退回赃物，严重的要报告企业安保部门或公安部门进行处理。

（4）贵重物品存放处、产品成品库、金属材料库或财务处等部门遭窃时，要保护好现场，并及时报告企业安保部门和公安部门，并协助进行侦破。

三、门卫保安

190. 门卫保安的岗位职责有哪些?

（1）对出入人员严格查验　严守进门关,对出入人员严格查验其身份、证件,并按规定进行登记。出入需凭有效证件,无关人员不得随便进入。内部人员出入时需出示工作证（或厂徽、校徽等）;对外来人员要问清情况,联系接待者,确需进入者,严格履行登记手续,认真登记时间、姓名、单位、事由、车号等,方可入内;禁止员工随意带子女、亲朋好友等无关人员进出;无有效证件的,不履行登记手续或经确认无进入必要的,应禁止其入内;提高警惕,严防坏人利用伪造或窃取的证件混入内部作案。

（2）对进出车辆、物资严格查问　严格执行物资出入检查制度,对进出车辆、物品严格检查。物资、器材出门必须凭出门证才能放行,危险品禁止入内。携带物品出门必须凭证,内部人员携带包裹、提包出门,应主动接受门卫检查。员工借用公物出门要有所在科室开具的证明。外来人员携带物品入内要填写清单,出门时应主动接受检查,经查对无误后方可放行。

外来车辆要登记车号、事由、装运物品等情况后入内,自行车经过门卫要下车推行。

凡汽车来提货或送货的,应上车检查,并在提货单或送货单上写明提、送货单位和车辆牌号,根据出入物资清单上注明的品名规格,认真检查,发现证物不符的应予拦阻,直到弄清情况、手续齐备后方可放行,对于无许可证的危险物品应拒之门外,对于无出门证的物资要坚决拦截,并将车辆牌号登记,报保卫部门查处。

（3）对进出车辆、行人的疏导工作　指挥进出车辆、行人,有序通行,防止抢进、抢出;及时清理门口障碍,劝说无关人员离开，以免妨碍人员、车辆进出；制止门口摆摊设点、停放车辆及临时聚会和其他妨碍交通的活动。

（4）协助做好考勤、接待工作

①考勤。大门是企业、单位人员上班的必经之处，往往把人员考勤的管理任务交给门卫负责。保安要做到公正无私，严格执行考勤制度，详细登记员工迟到、早退等情况。员工因公外出应出示有关部门开具的出门条，客户单位车辆需出示有关部门开具的派车单方可放行。

②接待。门卫保安对外来人员来访要履行严格的验证、登记手续，做到态度和蔼、语言文明。此外要搞好接待工作，当单位接待来访的工作人员已经下班时，遇有来访者或外来办事人员，对非需急办的事，要好言相劝，劝其回去，告知其在上班时间再来办理；对确有要事急需办理的，在检验来访者证件、履行来客登记手续后，告知有关人员前来接待。

191. 门卫保安工作的基本要求是什么？

（1）严格执行门卫制度　门卫保安要做好制度的宣传与解释工作，争取员工的理解和支持，要坚持领导和群众一律平等的原则，对违反制度人员，要一视同仁，照章办事。

门卫保安在执行门卫制度时，自己更要带头遵守，不准将闲杂人等带入，不得徇私，不得使物资无证出入，不得向他人泄露客户单位信息，不得包庇违法犯罪人员，不得与犯罪嫌疑人相互勾结、共同犯罪。

（2）仔细查验人、物、车辆　门卫保安在值勤中要善于对人、物、车辆进行细微观察。对人的观察，要注意从衣着打扮、动作表情上发现疑点，如：衣着打扮是否正常，行动是否正常，头部、面部、手部等是否有刚被抓伤、咬伤、钝器击伤等伤痕。对物的观察，要注意携带物品的名称、形状、色彩、气味等是否异常。对车辆的检查，要注意驾驶员和乘车人的神色。

（3）灵活处理问题　门卫保安在值勤中处理问题要灵活，要把原则性和非原则性问题区分开来，再针对不同性质采取不同的处理方法。对于原则性问题要严格把关，如物资出门无出门条、提货车辆证物不符、无关人员无出入证随意出入等；对于非原则性问题不能过于较真，不易过多纠缠，以免浪费时间，影响工作。

（4）文明上岗执勤　执勤时严格按规定着装，做到仪表端庄、精神饱满、礼貌待人、热情服务；不准闲聊打闹、不准酗酒吸烟，不得擅离职守；推广文明用语，严禁刁难人、打骂人，严禁粗暴无礼，更不得有侮辱人的行为。

（5）做好交接班工作　换岗交接要注意口齿清楚、交接清楚；交接时要提高警惕，严密监视周围情况，发现问题立即停止交接，以交班人为主进行处置；交接后双方互换位置，交班人向接班人敬礼，接班人还礼后，换岗，开始履行职责，交班人可下班。

192. 门卫保安需掌握哪些应急情况处理方法？

（1）当外来车辆飞驰而入时要记住车型、牌号，及时报告带班人员，迅速查找，并弄清情况。

（2）内部人员拒不出示证件时，对很熟悉的员工可在叮嘱后放行，陌生的员工不能随意放入，没有出门证明的物资不允许放行，但要注意态度和蔼、语言文明，不要发生冲突。

（3）熟人出库物品与货单不一致时，要坚持原则，说明单位规定，请其配合，不能随意放行。

（4）发现形迹可疑人员，要提高警惕，严密监视，及时查明真相。确属犯罪嫌疑人可将其抓获，送交公安机关；若证据不足，应向单位保安部门或公安机关报告，等候处理。

（5）当有人报告紧急情况时，要问明具体情况，做好登记，并辨明真伪，采取相应的预防和控制措施。

（6）当有人硬闯大门时，要劝阻、警告，并采取严格监控措施，若发现违规、可疑迹象要及时报告公安机关。

（7）当发生盗窃或抢劫时，立即控制或关闭大门，实行门禁制度，对身份不明或携带物品可疑者，暂不放行，并提高警惕，防止犯罪嫌疑人持械行凶或夺路逃跑。

（8）当夜间突然停电，要迅速关闭大门，严防不法分子混入或逃离，并及时联系有关部门查明原因，报告领导采取相应措施。

四、社区保安

193. 社区保安的工作内容有哪些？

社区保安是指由公安机关组建或保安服务公司在各社区建立的保障社区安全的社区治安防范组织，主要工作内容包括以下几个方面：

（1）负责所管辖社区的治安工作　社区保安人员应了解公安机关的具体要求，负责贯彻落实有关防火、防盗、防破坏、防事故的具体措施，并承担社区内重点部位的守卫和安全检查工作。

（2）协助公安机关进行治安管理　保安队伍是治安管理的一支重要的辅助力量，在日常工作中，若发现治安隐患，保安人员应采取措施加以督促并整改，有关部门不予配合的，可以报告主管领导督促其整改；仍不改正的，应报告治安管理部门命令其整改。由此可见，社区保安工作对治安管理部门的监督和安全检查工作起着极大的帮助作用。

（3）收集、提供治安信息　在社区内人员众多的公共场所、出入口或重要部位，人员、车辆进出比较频繁，保安人员在日常的服务中，能接触到各种人、车、物的信息，其中也许会有违法犯罪的信息及嫌疑情况。在和众多人接触的过程中，要注意搜集各种治安信息，并要主动、及时地向公安机关汇报。

（4）制止、控制违法犯罪行为 保安人员在社区服务中要能够发现和识别违法犯罪行为，还要学会制止和控制违法犯罪行为的基本技能，学会针对不同的违法犯罪行为，采取不同的方式和手段予以控制或制止。

（5）采取恰当措施保护案发现场 案件发生后，社区保安人员通常有条件比警察更快赶到现场，此时，保安人员应在警察赶到现场之前正确、有效地保护现场，疏散现场滞留或围观的群众。

（6）积极宣传安全防范的法律知识 社区保安人员从事的是为社区提供安全服务的工作，不仅要熟悉基本的法律知识及有关治安管理法规，还应积极向社区群众宣传有关安全防范的法律知识，使群众树立安全防范意识，保障社区公共安全。

（7）负责社区的消防安全管理 社区保安部门应及时制定本社区的消防工作计划及防火、灭火预警措施，在社区内积极开展消防宣传教育和消防安全培训，普及消防常识，定期检查消防设施，及早发现、消除火灾隐患。

（8）承担社区内交通安全管理任务。

194. 社区保安员门卫岗位职责是什么？

（1）着装整齐，按时交接班，不随意离岗，岗上不得与无关人员聊天。

（2）严守小区大门，遇到外来人员和车辆，要严格检查并按规定登记。对不符合要求进入小区的人员和车辆要礼貌劝阻，对可疑情况及时报告，确保安全。

（3）严禁小商贩、推销者等闲杂人员进入小区。

（4）劝阻超高、超长车辆进入，禁止非小区车辆进入，禁止2.5吨以上货车进入，严禁装载易燃、易爆等危险品的车辆进入。

195. 社区保安员监控室工作内容是什么？

（1）监控室值班员要熟悉监控室所有设备的功能及使用方法，确保设备正常运转。

（2）负责监控室电视屏幕的监视工作，随时观察各个区域的治安动态，发现问题及时报告。

（3）负责对重点部位和可疑情况的电视录象工作及录象带的保管工作。

（4）发现报警，及时查出具体位置，并调动保安员赶赴现场查看并处理。

（5）做好资料保管和保密工作，无关人员不准进入监控室，不准向无关人员谈及监控室的所有情况。

196. 社区保安员巡逻工作重点有哪些？

（1）巡查社区内各路段、楼宇、绿化地及其他公共场所的治安防范管理，留意治安、消防等情况，并作好记录。

（2）遇到可疑人员，仔细查询，及时将推销、小商贩等闲杂人员劝离社区。

（3）监督、检查业主装修现场的治安、消防情况：装修材料不准随意堆放；在规定时限内不准施工；装修垃圾要及时清走；及时处理违章装修，遇有重大违章情况及时向上级部门汇报。

（4）随时检查公共设施、设备和绿化清洁情况，发现问题，及时通知物业管理部门。

（5）接受业主投诉，收集业主意见，及时通知相关部门，主动、热情为业主排忧解难。

197. 社区保安员应如何做好车辆管理工作？

（1）巡查停车场治安、消防情况。

（2）协调、指挥车辆按规定停放，严禁乱停乱放，及时疏导车流量，保证交通顺畅，维护停车场交通秩序。

（3）提醒业主离车前锁好门窗，带走贵重物品，保证车辆及财产安全。

（4）注意司机和车辆在开车前有无异样，发现可疑立即查证，以确保安全。

（5）遇到停车场内出现治安纠纷或交通事故要及时处理并报告。

（6）按规定巡查停车场及车辆消防设施，发现问题及时处理并报告。

五、学校保安

198. 学校保安员的岗位职责是什么？

（1）在校园内开展门卫、巡逻、安全检查、报警监控等安全防范服务，维护学校的正常教学、生活秩序。

（2）协助学校做好各项安全防范工作，有效落实防火、防盗、防爆炸等治安防范措施，发现问题及时解决。

（3）及时发现和制止发生在学校内及周边的违法犯罪行为，对制止无效的违法犯罪行为，应立即报告学校领导并报警。

（4）与公安部门配合，加强校园治安综合治理，做好学校安全保卫工作，确保学生及教职员工人身安全、学校财产安全。

（5）学会正确使用保安器械和灭火器材，妥善保管保安器械。

199. 学校保安门卫工作职责有哪些？

（1）衣着整洁，仪表端庄，接待来客热情有礼貌。

（2）对学校出入口严格值守，遵守学校作息时间，准时开、关校门。

（3）在上学、放学等人员、车辆出入比较集中时，必须先保证师生尽快通过出入口。保安员应站在大门一侧查验证件，并仔细观察，注意查看有无异常。对忘记带证件的教职员工，要经过电话核实后方可放行。

（4）学生进校后，未经教师同意，不得随意出入校门，因特殊情况外出，必须出具教师签字的证明方可出门。

（5）上课期间一律禁止学生会客，如有特殊情况，下课后由门卫及时转告。

（6）上课期间家长原则上不能进入校园，确有急事需进入的需联系接待者，做好登记方可放行。

（7）对于外来人员和车辆，要"一看、二问、三检查"，并根据具体情况，请示学校相关领导再决定是否放行。

（8）引导车辆安全进校，并按指定位置有序停放，门前严禁停放车辆和摆摊设点，确保校园门前畅通无阻。

（9）维护学校正常秩序，严禁小商小贩、推销员和废品收购者等闲杂人员进入校园，一经发现，立即请出校园。

（10）根据学校实际情况，做好学校交办的其他工作，如：收发报刊信件、负责传达室及学校大门口卫生等。

200. 学校保安巡逻工作有哪些？

（1）在规定时间内，在校内进行不间断巡逻。在下课时段、午休时段、学生上学放学时段，要特别加强巡逻。

（2）对进入学校的可疑人员要仔细盘查，收缴入校人员私自携带的管制刀具、易燃易爆物品及其他违禁物品。

（3）在巡逻中发现正在开展的危险活动、正在进行的危险行为或破坏行为，应立即制止。

（4）巡逻中要认真排查校园内各类安全隐患，做好防火、防盗工作，发现隐患，及时向学校安保部门报告。

（5）对违纪学生进行批评教育，努力化解学生间矛盾纠纷，劝解无效的要及时报告班主任或校领导给予解决，严防打架斗殴事件发生。

（6）在巡逻过程中，若发现异常情况或危及学校安全的突发事件，要沉着应对、果断处置，想办法制服凶犯，同时向学校领导报告，必要时可拨打报警电话，尽力维护学校的安全与稳定。

（7）遇学校突发灾害事故时，要率先赶到灾害事故现场，及时疏散人员，排除险情，尽力维护师生生命财产安全。

（8）节假日、夜间加强巡逻，确保学校安全。

201. 学校保安监控室工作职责有哪些？

（1）通过监控系统观察校园情况，做好监控记录。

（2）发现紧急事件应立即报告学校安保部门，必要时拨打"110"报警，同时采取应急措施，力争把损失降到最低。

（3）监控室内严禁无关人员进入或逗留，禁止非监控人员操作设备。

第七章　家政服务员

一、职业素质

202. 家政服务员岗位职责是什么？

（1）根据合同规定为所服务的家庭承担各种家务。

（2）根据管理处指派，按雇主委托事项，按时上门以认真负责的态度提供优质服务。

（3）根据雇主的合理要求，按质、按量、按时完成服务事项，以保证雇主满意。

（4）加强与雇主的沟通，广泛征求业主意见，改进工作，提高服务质量。

（5）发扬互相配合精神，支持同事工作，以礼相待。

（6）对雇主的家庭财产安全负责，使雇主安心。

（7）外出注意交通安全。

（8）工作要早安排、巧计划。

203. 家政服务员做好本职工作应具备什么样的职业心态？

能否做好家政服务工作并不完全取决于工作技能的完善与否，而在很大程度上取决于你有没有一种良好的工作心态。对于家政服务员来说，要树立正确的职业心态。

（1）正确认识家政服务员职业　随着社会经济的发展，社会分工必将进一步细化，家庭服务业的兴起和壮大在我国具有战略意义，必将朝着职业化、专业化、产业化的方向发展。

（2）克服世俗观念和自卑心理　中国有几千年的封建历史，在许多人的潜意识里还残存着封建的等级观念，认为从事家政服务工作就是做佣人，是打杂、做保姆，是低人一等的，更看不起从事家政服务的人。实际上社会职业只是用来区分工作的标志，人们从事的职业虽然不同，但都是在为社会做贡献，都是在自食其力。做为家政服务员要提高自己的综合实力，以和雇主平等的态度工作，以自己的人格魅力赢得雇主的尊重。

（3）正确认识自我　人无论从事任何职业都要实事求是地看待自己，量力而行，既不能好高骛远，也不必妄自菲薄。对自己的优势不夸大也不缩小，要充分发挥自身优势，积极为择业创造条件。要客观地看到自身的劣势和缺点，正确认识自我，以积极的心态度去避免或改变劣势，克服缺点，努力做好本职工作，成为优秀的家政服务员。

（4）要有明确的职业定位　家政服务员是一个特殊的职业，他们作为非家庭成员进入到一个家庭中，承担着这个家庭的某些职责（如操持家务、照顾老人等），作为职业人员，努力完成合同规定的服务内容是职责所在。家政服务员要把雇主的家务工作当做自己的事去做，但是不可能承担起雇主家庭里的全部责任。要掌握好分寸，做到尽职尽责服务有度，工作中主动征求雇主意见，认真接受他们的指导。

204. 家政服务员应具备的基本职业道德有哪些？

（1）自觉践行职业道德　做为家政服务员，从进入所服务的家庭开始，就开始了自己的职业活动。在工作过程中，第一，要严格按照职业道德的要求规范自己的行为，做家庭文明建设的参与者，要细心了解这个家庭，实践家庭美德的要求，积极参与文明家庭建设。第二，要尊重和关心家庭成员，与雇主建立良好的人际关系，尊重和关心所服务家庭的每个成员，热情友好，忠厚本分，通过诚实劳动和良好的品质赢得雇主家庭成员的信任。第三，掌握家庭特点，做好本职工作。职业道德同履行职业责任是紧密联系的，家庭服务工作以满足家庭生活需要为核心，所以家政服务员要掌握雇主家庭的需求特点，尊重雇主家庭成员的生活习惯，尽心尽力做好各项服务工作，展现出自觉主动的工作精神。

(2) 遵守职业守则 家政服务员的职业守则是家政服务员在职业岗位上的具体的行为规范，每位家政服务员都要身体力行、自觉遵守。要遵纪守法，维护社会公德，发扬"自尊、自爱、自立、自强"的"四自"精神。家政服务员要主动运用"四自"精神武装自己，克服心理劣势，走出观念误区，要明白家政服务员这一职业并不是一项简单的工作，它不仅需要有较高的道德品质、文化素质，而且要有较丰富的知识和操持家务事的技能技巧。同时要改变文化知识不足的劣势，提高自身素质，充分发挥自己的潜力和优势，成为家庭服务行业中的行家里手。

(3) 文明礼貌，守时守信 要讲文明，讲礼貌，正确对待雇主家庭中的每一个人，在为他们服务时要一视同仁，以诚相待。要具备守时守信的优良品质，才能成为家庭中可靠、可信的人。

(4) 勤奋好学，精益求精 勤奋好学，精益求精是家政服务员必须具备的优良品质。在雇主家庭中无论是对家务事管理，还是洗衣、做饭，都需要大量的知识和技术技能。家庭中聘请家政服务员的目的是希望不断提高家庭生活质量，因此家政服务员只有勤奋好学，才能掌握管理家庭事务的知识，学到为家庭生活服务的技术技能。

(5) 尊重雇主，忠厚诚实，不涉家私 家政服务员自进入雇主家庭开始，就要同家庭中的每个成员打交道。要与雇主家庭成员建立起良好的人际关系，要尊重这个家庭的各种习惯，尽力满足各种需求，以完成自己的任务。对待雇主家庭成员热情友好，对自己的服务工作尽心尽力、忠诚本分。家政服务员一定要尊重雇主家庭及其成员的隐私，对雇主家庭中自己不应知道的事，要做到不闻不问。遇到雇主家庭内部发生矛盾时，不要主动参与，更不能偏袒一方或者说三道四，需要劝解时也只能适可而止。

205. 家政服务员待人接物应讲究哪些基本礼仪？

（1）招呼礼仪　家政服务员到雇主家，入门前应先敲门或按门铃，在得到准许后方可轻轻推门而入，进门后要随手关门。进门要先和女主人打招呼，然后再与其他人打招呼。打招呼时要面带微笑，以柔和的目光注视对方，不能斜视，不能上下打量。进门后，应按雇主家的生活习惯换鞋或套好鞋套，不要东张西望，不要给雇主留下心不在焉的印象。工作结束离开时，应礼貌道别。

（2）称呼礼仪　与雇主初次见面应作自我介绍，自我介绍时应注意真实简洁，坦率自信。如："您好，我叫李××，是某某家政公司委派过来的家政服务员，您可以称呼我小李。"同时，也可以落落大方地询问对方："请问，我怎么称呼您？"如果雇主有明确的称呼要求，就按要求称呼，如王老师、李医生、赵经理等带职称和头衔的称呼；如果雇主没有明确要求，一般称呼某先生或某女士，不能直呼其名。

（3）迎送礼仪　迎送客人要热情、友好。对来访客人要一视同仁，不能因人而异。客人到来时要请客人入座，并送上茶水。不能当着客人的面做家务，更不要抱怨和消极服务。客人告辞时，应起身相送。送客到门口或楼梯口再和客人礼貌道别，直到客人不回头或看不到身影方可转身离去或关门。

（4）致歉礼仪　工作时如出现失误，责任在自己时应先承认错误，并马上道歉，如雇主不在家，可等雇主回家后说明情况，千万不要推卸责任，故意隐瞒。有些超越职责和能力范围的事，委婉表示遗憾，不要生硬拒绝。

（5）请假和辞职礼仪　如果有事请假，一定要事先与雇主沟通，解释困难，得到雇主谅解。迟到、早退要说明情况。如果要辞职，可向雇主说明辞职理由，态度要坦诚，意思要明朗，表达要含蓄得当，并坚守工作岗位直至雇主有了较为妥善的安排。

206. 家政服务员言谈举止应注意哪些基本礼仪？

（1）言谈礼仪　家政服务员与雇主或客人交谈，用词要文雅，避免询问对方的隐私，不要对雇主家的是非做评判；语言要简洁明白，态度要亲切和善，声音要轻柔自然，切忌羞羞答答、喋喋不休、手舞足蹈、夸夸其谈；应用平等、商量的语气语调与人讲话；要认真倾听，态度诚恳；遇到雇主失礼时，不争辩、不吵架，保持冷静，委婉解释，得理让人；要留意对方的暗示，如果对方有意看时间，频繁改变坐姿或四处张望，就应该快速结束谈话。

（2）礼貌用语　言谈中要用好文明礼貌十字用语：您好、请、谢谢、对不起、再见。说好八种用语：问候语、请托语、应答语、征询语、致谢语、道歉语、赞赏语、祝贺语。常用的应答语如："您客气了，这是我应该做的。"常用的道歉语如："不好意思，刚才都是我的错，我太不小心了。"常用的征询语如："我可以进来吗？""把窗户打开可以吗？""您需要我来帮您找吗？"等。在雇主家工作时应杜绝四语：蔑视语、烦躁语、否定语、斗气语。

（3）举止礼仪　家政服务员的行业举止要做到三轻：说话轻，走路轻，操作轻。目光交流，面部表情，举手投足之间，都要给人一种友善、合作、温柔、亲切的感觉。

①坐、立、行、走、蹲礼仪。家政服务员坐、立、行、走、蹲要端庄、得体。站立时，身体不能歪依斜靠，不能弯腰驼背、手插裤兜、双手交叉抱在胸前、抖双腿；坐下时，忌前俯、后仰、跷二郎腿、叉开双腿、将双腿伸得很远、将脚藏在座椅下或用脚勾住椅子腿，更不得摇腿、抖脚；行走时忌步态

不雅、制造噪声，忌在室内跑行，女士忌扭腰摆臀、左顾右盼，男士忌弯腰驼背、歪肩晃膀、手插口袋。家政服务员经常会使用蹲姿进行操作，注意下蹲时不要翘臀，穿低胸服蹲下时要以手护胸。

②递送物品的礼仪。递送物品时要双手承接，遵循把方便留给他人的原则，在传递带尖的物品时，应将尖头朝向自己。

③居室整理的礼仪。在进行居室整理的过程中，要养成把挪动过的家具、使用过的工具放归原处的习惯。桌上的纸条、报纸、花束、仪器如没有雇主吩咐，不要随便扔掉，不要触摸与工作无关的家用电器，不擅自翻阅雇主的书报、杂志等物品，更不要拾取雇主扔掉的任何物品。

207. 家政服务员着装注意事项有哪些？

（1）衣着得体　家政服务员在工作时要注意，凡是能展示性别特征、个人姿色的身体部分，如胸部、臀部、大腿等，都不得过分暴露。平时在屋内穿拖鞋时也要穿袜子。

（2）薄厚适中　家政服务员着装不能过于单薄或透亮，不要让内衣和身体的要害部位透露出来，否则便使人产生错觉，以致受"骚扰"。

（3）肥瘦适度　家政服务员着装时肥瘦大小要合身，过分的肥大会显得拖拉不精神，过分瘦小不便于工作，而且会使自己身体凹凸线条过分清晰明显，甚至连内衣的轮廓也凸显在外，很不文雅。

（4）颜色雅致　家政服务员的着装色彩不宜过多、过艳，图案不宜繁杂、古怪、花哨，也不得浓妆艳抹，不得留长指甲、染指甲，不得留披肩发、戴耳环、戴戒指等。

208. 在雇主家接电话的礼仪有哪些？

（1）不随便使用雇主家的电话，如有急事需要联系，在征得雇主的同意后方可使用。当雇主或其他人正在通话，要根据实际情况回避，不要侧耳旁听。不随便把雇主家的电话透漏给第三者。工作期间，不要长时间接打私人电话。

（2）在雇主家，不要主动接听雇主电话，除非雇主有明确的接电话指示。如果需要接听电话，一般在铃声响过三次马上接起，需要代为转告、留言时，要认真记录并复述一遍电话要点。接听电话时要面带微笑，不要大声叫嚷，不要一边讲话一边吃东西。

（3）要避免在他人休息和用餐时间拨打电话。通话前，可以把要谈话的内容列一张清单，避免出现边说边想、缺少条理、丢三落四的现象。通话时，用语要文明，不说无关紧要的话，不说自己的私事，尽量把通话时间控制在 3 分钟以内。通话结束，等对方先挂断电话再轻轻放下话筒。

209. 家政服务员工作时应遵循什么样的工作原则？

做家务劳动首先要熟悉自己工作的范围，家务劳动虽然较为复杂，但只要科学、合理地安排每日的工作，掌握家务劳动的科学性，就会感到轻松自如，而不会感到无从下手，只有这样才能做到高效、高质、省时、省力，同时这也是做好家务劳动的基本要求。

（1）工作要早安排、巧计划。每周、每日、每时要做哪些事，先干什么、后干什么，怎么干，都要有统一、周密的安排。

（2）工作时要合理搭配，巧妙安排，井然有序，见缝插针；要学会打时间差，如早上起来可以边做早餐，边清洁厨房，收拾房间时一边扫地一边整理，从而达到省时、高效、省力。

（3）分清主次、繁简、急缓，做到劳逸结合，先繁后简、先急后缓、先主后次，有劳有逸。

（4）明确自身位置，主动协商、争取合作。平时工作中做事要积极主动，多和雇主商量，听取意见和建议，搞好合作。

210. 家政服务员每天的基本工作流程是什么?

家政服务员的工作纷繁而复杂,每个人每天的基本工作流程因具体工作内容不同而有所区别,下面给大家简单列举了其中的一种:

06:00 起床,洗漱,制作早餐。

07:00 到菜市场采买蔬菜瓜果和肉食。

08:00 收拾餐具、厨房,整理家务,打扫房间,扫地,洗衣、拖地。

10:30 制作午餐。

12:30 吃午餐,收拾餐具、厨房。

13:30—14:30 午休。

15:00 收拾房间。

16:00 接孩子放学。

17:00 制作晚餐。

19:00 收拾餐具和厨房,洗切水果。

20:00 熨烫衣服,为雇主准备第二天着装。

21:00 哄孩子睡觉。

22:00 关煤气,拔掉不用的电源,检查门窗等。个人洗漱,就寝。

二、业务技能

211. 家政服务员的主要工作内容有哪些?

(1)制作家庭餐。

(2)家居保洁与美化。

(3)衣物洗涤与保管。

(4)家电、燃具的使用与保养。

(5)宠物饲养与家庭管理。

（6）婴幼儿护理。

（7）婴幼儿保健与教育。

（8）孕产妇护理。

（9）老人护理。

（10）病人护理。

212. 家政服务员需要具备哪些基本职业技能？

（1）日常烹饪技能。

（2）家居清洁技能。

（3）衣物洗涤技能。

（4）照顾孕产妇技能。

（5）照料婴幼儿技能。

（6）照料老人技能。

（7）护理病人技能。

（8）看护宠物技能。

（9）采购日常生活用品的技能。

213. 家政服务员应掌握哪些中餐烹饪技能？

（1）制作主食技能。

（2）烹制菜肴技能。

（3）家庭煲汤技能。

214. 老年人的健康饮食原则是什么？

随着老年人消化功能降低，心血管系统及其他器官都有不同程度的退化，饮食就有特殊的要求。为保证老年人身体健康，注意以下十个方面：

（1）饭菜要香　老年人味觉、食欲较差，吃东西常觉得缺滋少味。因此，为老年人做饭菜要注意色、香、味俱全。

（2）质量要好　老年人体内代谢以分解代谢为主，需用较多的蛋白质来补偿组织蛋白的消耗。如多吃些鸡肉、鱼肉、兔肉、羊肉、牛肉、瘦猪肉以及豆类制品，这些食品所含蛋白质均属优质蛋白，营养丰富，容易消化。

（3）数量要少　研究表明，过分饱食对健康有害，老年人每餐应以八九分饱为宜，尤其是晚餐。

（4）蔬菜要多　新鲜蔬菜是老年人健康的朋友，它不仅含有丰富的维生素 C 和矿物质，还有较多的纤维素，对保护血管和防癌、防便秘有重要作用。每天的蔬菜摄入量应不少于 250 克。

（5）食物要杂　蛋白质、脂肪、糖、维生素、矿物质和水是人体所必需的六大营养素，这些营养素广泛存在于各种食物中。为平衡吸收营养，保持身体健康，各种食物都要吃一点，如有可能，每天的主副食品应保持 10 种左右。

（6）菜肴要淡　有些老年人口味重，但盐吃多了会给心脏、肾脏增加负担，易引起血压增高。为了健康，老年人一般每天吃盐应以 6～8 克为宜。

（7）饭菜要烂　老年人牙齿常有松动和脱落，咀嚼肌变弱，消化液和消化酶分泌量减少，胃肠消化功能降低。因此，饭菜要做得软一些、烂一些。

（8）水果要吃　各种水果含有丰富的水溶性维生素和金属微量元素，这些营养成分对于维持体液的酸碱度平衡有很大的作用。为保持健康，每餐饭后应吃些水果。

（9）饮食要热　老年人对寒冷的抵抗力差，如吃冷食可引起胃壁血管收缩，供血减少，并反射性地引起其他内脏血循环量减少，不利于身体健康。因此，老年人的饮食应稍热一些，以适口进食为宜。

（10）吃时要慢　有些老年人习惯于吃快食，不完全咀嚼便吞咽下去，久而久之对健康不利。应细嚼慢咽，以减轻胃肠负担促进消化。另外，吃得慢些也容易产生饱腹感防止进食过多，影响身体健康。

215. 制订老年人食谱的原则是什么？

根据以上老年人饮食的要求，家庭服务人员在制订老年人食谱时应把握好以下三个原则：

（1）合理搭配原则　三餐食谱中最好干稀搭配、粗细搭配和荤素搭配。如主食包子，副食牛奶、粥或豆浆；主食米饭、副食一荤一素，可以有汤；主食馒头、副食炒菜等。

（2）清淡易消化原则　老年人食物尽量少荤、少盐；烹饪多用蒸、炖，少用煎、炸，如主食花卷、副食稀饭，主食米饭、副食蒸鱼和蔬菜，主食馒头、副食土豆炖牛肉等。

（3）少食多餐原则　因为老年人的消化能力减弱，肝脏合成糖原的能力下降，糖原的储备减少，容易感到饥饿，所以，老年人应采取少食多餐的办法。一般在三餐的基础上，可用点心或者水果来代替三餐以外的食物。

216. 如何给老年人做合理的营养餐？

老年人饮食要做到三个平衡，见表7-1。

表7-1　老年人合理饮食的三个平衡及具体要求

序号	类别	具体要求
1	质量和数量要平衡	俗话说：早上要吃好（质量），中餐要吃饱（数量），晚上要吃少（数量、质量）。这就是质量与数量上的平衡
2	结构要合理	调整饮食结构，即荤素、粗细粮、水陆物产、谷豆物搭配合理 调整质量结构，即"四低、一高、一适当"：低脂肪、低胆固醇、低盐、低糖，高纤维素，适当蛋白质
3	饮食时间要平衡	一日三餐是中国人的习惯，老年人饮食要根据自身的特点来制定，总体原则是"少吃多餐"（即量少、次数多于三餐），以利于消化吸收，减轻消化器官的负担

217. 给老年人烹煮食物时应注意什么？

给老年人烹煮食物"六宜""六不宜"，见表 7 - 2。

表 7 - 2　老年人食物"六宜""六不宜"

序号	类别	具体说明
1	宜淡不宜咸	食物过咸，钠离子过剩，容易引起水钠潴留，增加肾脏负担，导致水肿、血管收缩和血压上升
2	宜软不宜硬	由于老年人脾胃功能减弱，软食容易消化。再有老年人多数肾虚，牙齿咀嚼能力较弱，胃肠功能减弱，消化液分泌量减少，故宜软不宜硬
3	宜素不宜荤	过食肥甘厚味，会引起脂质堆积，导致动脉硬化。俗话说"有钱难买老来瘦。"老年人要忌大肉大荤，限食动物内脏，以植物油、鱼类、瘦肉为宜
4	宜少不宜多	老年人消化功能减弱，少食有两大好处：一是防止肥胖，二是减轻胃肠负担（中医认为脾胃为后天之本）。因此，宜少食多餐，少而精，不能饱食而卧
5	宜温不宜冷	老年人肾虚，不论是肾气虚还是肾阳虚，都以热食为好。老年人由于脏腑功能减弱等特点，尽量不要饮食过凉，哪怕是酷暑，冰棒、冰镇西瓜等也不宜多食
6	宜鲜不宜陈	老年人和小孩一样，脏腑功能较弱，容易受伤、发病，因此，饮食等以鲜者为好，陈旧食物易变质，食用易生病

218. 孕妇健康饮食原则是什么？

家政服务员要了解孕、产妇的营养需要，以便在制作家庭餐的时候进行合理的搭配，并采取合适的烹饪方法，以确保孕、产妇能够从饮食中得到足够的营养，满足母体和孩子的需要。

（1）碘的补充　碘的摄入对孕妇非常重要。孕妇怀孕期间缺碘，婴儿出生后生长缓慢、反应迟钝，会出现"呆小病"。缺碘地区的孕妇，应多吃一些含碘较多的食物，并坚持食用加碘食盐。

（2）锌的补充　锌的摄入同样对孕妇非常重要。孕妇怀孕期间缺锌，胚胎就会形成先天畸形。大多数食物中都含有一定量的锌，动物食品更为丰富。孕期还须戒酒，因为酒精会增加体内锌的消耗。

（3）铁的补充　孕妇在妊娠 30～32 周时，血色素可降至最低，造成妊娠生理性贫血。在此基础上如果再缺铁，就可能危及胎儿。孕妇应多食一些含铁丰富的食物，如蔬菜中的黑木耳、海带、芹菜；谷类食物中的芝麻、大麦米、糯米、小米；豆类食物中的黄豆、赤小豆、蚕豆、绿豆等；特别是动物肝脏、蛋黄中铁的含量更为丰富。

（4）钙的补充　钙质不够除了会使胎儿骨质发育不良外，母亲也会产生骨质疏松、腿部抽筋等现象。孕妇必须补充钙质，如豆制品、乳制品、蔬果。蛋类中含有丰富的钙质。如果从食物中补充不够的话，可以少量服用补钙剂或钙片。

（5）锰的补充　缺锰可以造成显著的智力低下，特别是孕妇在妊娠期缺锰，对胎儿的健康发育影响更大，使胎儿产生多种畸变，尤其是对骨骼的影响最大，常出现关节严重变形，而且死亡率较高。一般来说，以谷类和蔬菜为主食的人不会发生锰缺乏。但由于食品加工得过于精细，或以乳品、肉类为主食时，则往往会造成锰吸收不足。因此，孕妇的食物中应有水果、蔬菜和粗粮。

（6）叶酸　从孕前 1 个月到怀孕 3 个月期间，每天持续服用叶酸 4 毫克，可预防胎儿神经管缺陷与巨球性贫血的产生。孕妇要纠正偏食的不良习惯，常食和多食富含叶酸的食物，如菠菜、牛奶、动物肝脏、土豆、水果、西红柿等，以消除或减少叶酸缺乏的可能。

219. 产妇健康饮食原则是什么？

（1）少食多餐。最好是一日安排5～6餐，每餐七八分饱。

（2）荤素搭配。

（3）干稀搭配。注意补充水分。

（4）饮食要清淡适宜，制作的食物要易消化，少吃酸味食物。

（5）烹调方法应多采用炖、煮、熬，少用油炸、烙、煎。

（6）食物种类多样化。每餐最少5种，多的时候可以达到10种以上。

（7）严禁暴饮暴食，以防营养过剩。

（8）忌食寒凉生冷的食物，如冷饮、西瓜、梨、荸荠、冬瓜、海带等。

220. 孕妇如何做到合理营养？

（1）怀孕初期，妊娠期妇女大多数都会不同程度地出现恶心、厌食症状，尤其是在早晨起床时表现尤为突出。对于这样的孕妇，在孕妇起床前，家政服务员应把事先准备好的几片苏打饼干或面包片端给孕妇，让孕妇半坐床上，吃完后再起床洗漱。

（2）适当调节孕妇的饮食，多做一些清淡食物，少吃或不吃油炸等难以消化的食物，同时要避开特殊气味的食物。

（3）建议孕妇进食时避免同时喝液体食物，如水、饮料、豆浆、牛奶等，两餐之间可进食液体食物。

（4）少食多餐，与孕妇协商，制订孕期进餐计划。避免两餐之间时间太长而造成的空腹及吃得太多而造成的胃部不适。以正餐为主，饭后适当散步，要少食多餐。

221. 产妇如何做到合理营养？

（1）顺产产妇的合理营养　产后的 1～2 天，要吃容易消化、富含营养又不油腻的食物，如豆浆、小米粥、面条、馄饨等。产后的 3～4 天，不要喝太多的汤水。分泌乳汁后要多喝汤，如鸡汤、排骨汤、猪蹄汤、鲫鱼汤等。不能偏食，多吃富含蛋白质、脂肪、矿物质和维生素的食物，粗、细粮要混吃，要多吃新鲜的蔬菜，以保证乳汁的质量。随着体力的恢复，消化能力的增强，食物中的蛋白质、碳水化合物要逐渐增加，同时注意补充维生素及矿物质，多吃富含粗纤维的食物，防止便秘。

（2）剖宫产产妇的合理饮食　剖宫产后，可以先喝点萝卜汤，帮助因麻醉而停止蠕动的胃肠道保持正常运作功能。手术后的第一天，以稀粥、米粉、藕粉、鱼汤、肉汤等流质食物为主，分 6～8 次食用。第二天，可吃些稀、软、烂的半流质食物，如肉末、肝泥、鱼肉、蛋、羹、烂面、烂饭等，每天吃 4～5 次，保证营养充分吸收。第三天，可以吃普通饮食。注意补充优质蛋白质、各种维生素和微量元素，可选用主食 350～400 克，牛奶 250～500 毫升、肉类 150～200 克，鸡蛋 2～3 个，蔬菜水果 500～1 000 克、植物油 30 克左右，以有效保证乳母和婴儿的充足营养。

222. 婴幼儿健康饮食原则是什么？

婴幼儿正处于身体迅速生长发育的重要时期，配合其生长需要提供合理的营养是每一个婴幼儿健康成长和发展不可缺少的条件，在进行膳食调配时可以遵循米面搭配、粗细粮搭配、荤素搭配、蔬菜五色搭配、干稀搭配的原则。

（1）遵循膳食宝塔原则

①0～6 个月。这个阶段的宝塔只有一层，就是母乳。母乳是 0～6 个月宝宝最理想的天然食品。不过，母乳也有弱点，就

是维生素 A 和维生素 D 的含量较低（图7-1）。

母乳是6个月以内婴儿最理想的天然食品，按需喂奶，每天喂奶6~8次以上，可在医生的指导下，使用少量营养补充品，如维生素D或鱼肝油。

图7-1　0~6月龄婴儿平衡膳食宝塔

0~6个月阶段最好纯母乳喂养，同时还要补点鱼肝油。宝宝出生1~2周后，就可以补鱼肝油了，每天1颗。

②6~12个月。6~12个月的膳食宝塔分为3层，最底层是母乳，中间层是配方奶粉，最上层是果泥、菜泥、粥等辅食。

③1岁后，膳食宝塔也多样化到5层。最底层是母乳，以及奶制品，断奶的宝宝要保证每天500毫升奶。由下向上的第二层是谷类食物，如米面等，每天100~150克。第三层为蔬菜水果，150~200克。第四层为蛋、鱼虾、畜禽瘦肉，每天100克。最上层是植物油，20~25克最佳。

这个阶段奶和饭一样一半，每天500毫升牛奶，加上三餐饭和2~3餐点心。平时种类要尽可能多样化，吃饭要少糖、少盐，不加调味品。调味品能提鲜，会让孩子的口味变得越来越重。

（2）遵循食物多样化原则　为使婴幼儿获得全面的营养，家政服务员在给他们准备饭菜时要"杂"，即尽可能让他们吃到各种各样的食物，主食应包括米、面、杂粮、薯类及豆类等；副食既要有鱼、禽、蛋、瘦肉、奶等高蛋白食品，也要有不同品种、不同颜色的蔬菜，特别是红、黄、绿等深色蔬菜，还要有各种水果等。

（3）遵循合理搭配原则

①八大类食物按比例提供谷类、肉类、蛋类、蔬菜类、果类、豆制品、油类及食糖这八大类食物，每天都要让婴幼儿吃到，但并不是各种食物都吃得一样多，而应有一定的比例。较为合理的营养结构是：每日生活中五谷杂粮和豆类应该吃得最多，其次是蔬菜和水果，相比之下，肉、鱼和蛋等高蛋白的食品虽然要有，但不能太多。

②各种食品巧妙搭配。给婴幼儿准备饭菜时要尽可能使各种食物之间能相互搭配，以保证婴幼儿吃到营养全面的食物，并且食欲旺盛。

223. 婴幼儿如何做到合理营养？

为保证婴幼儿健康生长发育，在进行膳食搭配时做到合理营养至关重要（图7-2）。

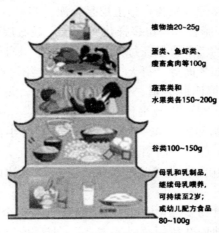

图7-2 1～3岁幼儿平衡膳食宝塔

（1）要优先供给富含蛋白质、维生素、矿物质的食品　牛奶是婴儿断乳后的首要食品，凡有条件的家庭，每日应供应婴儿牛奶 500 毫升左右，同时要提供瘦肉（畜、禽、鱼）50 克左右，鸡蛋 1 个，以及动物肝脏、血、豆制品、各种新鲜蔬菜和水果等，以保证营养素的摄入。

（2）适量供给碳水化合物、脂肪高的产能食品

①一般的谷类食物含碳水化合物较高，除供给婴幼儿正常生理活动所需热能外，还能够为婴幼儿生长发育提供充足的 B 族维生素和钙、铁、锌等矿物质营养素；

②糖除能供给热能外，对肝脏还有一定的保护作用，但对婴儿来说，不宜多吃，特别是饭前不要吃糖，以免影响食欲。

③油脂能供给热能以及必需的脂肪酸，且有益于调味，是每日膳食中必需的食品，但不宜过量，以免影响消化。

224. 婴幼儿辅食添加的原则是什么？

婴儿一般从 4 个月开始，除了用母乳或牛奶喂养外，为了保证生长发育需要，还会逐渐添加一些蔬菜泥、水果泥等。在给婴儿添加辅食时，应循以下原则：

（1）遵循从少到多原则。如蛋黄从 1/4 开始，如无不良反应，2～3 天后，加到 1/3～1/2 个，渐渐吃到 1 个。

（2）遵循由稀到稠原则。米汤喝 10 天左右，稀粥喝 10 天左右，软饭吃 10 天左右。

（3）遵循从细到粗原则，菜水→菜泥→碎菜。

（4）要待婴幼儿习惯一种辅食后再加另一种新的辅食。

（5）辅食应在孩子健康、消化功能正常时添加，出现异常反应暂停两天，恢复健康后再进行。

225. 使用天然气灶（或燃气灶）时需要注意什么？

（1）了解清楚雇主家里所使用的气源，天然气、液化石油气

所对应的燃气灶是不相同的。在使用燃气前要先咨询雇主，问清想明后再动手开始操作；如果雇主说不清楚，一定要看清说明书或者咨询专业人士，做到胸有成竹后再动手操作，切莫粗心大意，马虎忙乱，以免造成不必要的事故发生。

（2）如果雇主家里的燃气灶具不符合规定，要提示雇主购买符合国家标准要求的灶具，以保证使用安全。购买时要选择具有自动熄火保护装置的燃气灶。

（3）按规定顺序先将燃气管道上的灶前阀门打开，再按下点火装置。

（4）工作过程中，不要长时间离开灶具，防止出现溢锅、干烧等容易发生危险的事故。使用中如果发现熄火，要立即关闭开关。打开门窗通风，待没有燃气味时，查明熄火原因，并要妥善处理后再重新点火。

（5）在停止使用燃气或者临睡前，应检查燃气具开关是否全部关闭，同时将燃气表上的总阀门关闭，开启厨房窗户，关好厨房通往卧室的门则更为安全。

（6）燃气灶与管道间如采用胶管连接方式，要经常检查胶管是否损坏老化，是否存在漏气现象，老化的应及时更新。如果发现问题，要及时与雇主进行沟通，并能够提出合理解决措施。

（7）燃气灶具使用后要定期进行保养，以保持性能完好。每次用完灶具后要及时做好清洁卫生工作，经常清洗火盖，防止灶具回火。

（8）未经允许严禁私自拆装或迁移燃气表和灶具。

226. 在烹煮牛、羊肉时应注意什么？

牛、羊肉属于畜禽类原料，富含优质蛋白质，营养丰富，食用方法多样，老少皆宜，在烹煮牛、羊肉时需要注意以下几点。

（1）焯水　牛、羊肉腥膻气味较重，如果不妥善处理，制作好的菜肴异味严重，难以下咽。在焯水前要先用冷水反复清洗，根据菜肴需要有的还需要长时间的浸泡，这样可以去掉血水和部分异味。焯水时要冷水下锅，在慢慢加热的过程中，异味除了随着蒸气挥发外，还会慢慢溶解在汤水中，整个过程保持中小火，并随时用手勺撇去浮沫和杂质，保持汤水清澈。焯透后捞出备用。

（2）合理选择烹调方法　根据所选牛、羊肉部位的不同，合理确定菜肴菜式，选择适宜的烹饪方式：肉质较嫩的部位以煎、烤、烧、炒较为合适，如羊腿、牛排、羊通脊等；肉质较坚韧的部位，则适宜炖、蒸、煮等烹饪方法，如牛腱子、羊腿、牛腩等。

（3）火候适宜　要根据牛、羊肉的部位、质地、所选菜式，合理选择适宜的火候进行烹饪。如葱爆羊肉，肉质较嫩，菜肴成品也要求入口即化，所以应选择中、大火烹饪；再如香煎牛排，一般选用的是牛通脊的部位，肉片最少有 1 厘米厚，是煎制成熟，所以要选择中小火进行烹制，在牛排表面留下一层薄薄的脂肪，还可防止肉汁的流失。对于那些肉质坚韧的则适合小火炖煮。

（4）合理选择锅具　选择厚度适中的锅烹饪牛、羊肉，不但可以使热度均匀地散发，而且能使牛、羊肉不致烧焦。

（5）在炖、煮牛、羊肉时，可以放几个红枣、山楂、萝卜片等，肉会熟烂得特别快。用刀背拍打牛肉，烧牛肉时往水里加入 2 汤匙食醋，都会有利于牛肉的成熟。

227. 烹煮家禽时应有哪些注意事项？

家庭厨房常用的家禽有鸡、鸭、鹅、鹌鹑等。这些家禽体形较小，肉质较嫩，在制作时应注意以下几项：

（1）焯水　一般家禽焯水为开水下锅，焯透即可捞出备用。

对于鸡爪、鸭脚等有异味的则可以凉水下锅。

（2）根据原料质地老嫩合理选择烹饪方法　如鸡腿、鸡胸、鸭胸，肉质细腻，含水量高，可以选择炸、熘、爆、炒等方法，旺火速成；对于老鸡、老鸭等生长周期长，营养丰富，肉质老韧，旺火爆炒不利于成熟，且影响口感，一般多选择炖的烹调方法，以喝汤为宜。

（3）恰当选择火候和时间　制作家禽类菜肴时要合理选择火候，肉质细嫩的原料烹制火候要大，时间要短，以利保持口感，防止营养素的流失。肉质较老的，如炖制鸡汤或鸭汤时，宜小火长时间炖煮，这样可以使肉中的营养物质充分的溶解在汤中，且可以保持汤汁清澈，引人食欲。

228. 如何炖制鸡汤？

一般炖鸡汤多选用老母鸡，不仅营养价值比一般鸡汤高，且香气浓郁、味道鲜美。女性坐月子期间，得了病的人，喝老母鸡炖汤能够让身体尽快恢复过来。那怎么炖制鸡汤呢？

（1）清洗　为了防止营养素流失，在炖煮之前要将老母鸡进行初加工，将买回的白条老母鸡去掉内脏、鸡爪、鸡翅膀尖、鸡屁股等容易产生异味的部位，清洗后浸泡数小时去除其中的血水。

（2）炖煮　清洗干净的老母鸡，放入冷水锅中，保持中、小火慢慢加热，用勺子不断撇去浮沫、渣子、油脂，当汤锅清澈时，加入适量料酒，放上葱段、姜片去腥去异味，保持中小火炖制3小时以上，出锅时再放上适量的盐。为了增加营养，炖鸡汤时还可以加上红枣、枸杞、莲子、桂圆、山药、香菇等食材同煮。

229. 如何烹制鱼类菜肴？

鱼类是人们日常生活中经常食用的肉类食物，各种类型的鱼营养价值大致相同。鱼肉富含不饱合脂肪酸，具有肉质细嫩鲜美、营养丰富、易于消化的特点，是一些维生素、矿物质的良好来源。如何烹制鱼类菜肴呢？

（1）原料的选择　在使用鱼作为烹饪原料时，要尽量选择活的、新鲜的鱼类。

（2）鱼的初加工　刮去鱼鳞，去除鱼鳃、内脏和鱼腹内的黑膜，清洗干净备用。对于特殊鱼类，如新鲜的鲥鱼、带鱼可以不用去鳞。去除鱼的内脏时注意不要弄破苦胆。

（3）烹制鱼肉菜肴时不用放味精，因为它们本身就具有很好的鲜味。

（4）煎鱼不粘锅的窍门

①先把炒锅洗净，放旺火上烧热，用切开的生姜把锅擦一遍，可以达到防粘的目的；

②锅放在火上烧热后，往锅中加凉油，涮锅后将油倒出，再在锅中加油后下鱼煎，即可使鱼不粘锅底。

（5）鱼肉虽然滋味鲜美，但含脂肪少，成菜缺少脂肪的香味，还或多或少地带有腥臭等异味，为了弥补鱼肴的这些缺陷，在烹调时加入适量的肥膘肉，可以增加菜肴的香味与营养价值，去除鱼的腥臭味，并使成菜汁明油亮，质量提高。

（6）活宰的鱼不要马上烹调，否则肉质会发硬，不利于人体吸收。

（7）作为通乳食疗时应少放盐。

（8）鱼的食用禁忌　鱼肉一般人群都可食用。

①各种水肿、浮肿、腹胀、少尿、黄疸、乳汁不通者不可常食；

②慢性病者不宜多食。

230.　速发面有哪些窍门？

（1）如果事先没有发面而又急于蒸馒头，可用 500 克面粉加 10 克食醋、350 克温水的比例发面，将其拌匀，发 15 分钟左右，再加小苏打约 5 克，揉到没有酸味为止。这样发面，蒸出的馒头又白又大。

（2）将面粉用温水和好，再将化匀了的鲜酵母液倒入，把面揉匀后放入面盆内令其自然发（太冷时可在面盆外包上棉絮）。约过 5 小时，面团膨松为原来面团的 1.5～2 倍大时，即为发面。一般 1～5 千克面粉用一块鲜酵母即可，若要加快发酵过程，再加大鲜酵母用量。

（3）可以用酸奶代替酵母发面，发酵速度快，营养丰富。

（4）如果面还没有发好又急于蒸馒头时，可在面块上按一个坑窝，倒入少量白酒，用湿布捂几分钟即可发起。若仍发得不理想，可在馒头上屉后，在蒸锅中间放一小杯白酒，这样蒸出的馒头照样松软好吃。

（5）冷天用酵母发面，把白糖和酵母一起溶化后，用 30 度左右的温水和面，可缩短发酵时间，效果更好。

（6）发好面后，以盐代碱揉面粉（每 500 克面放 5 克盐），既能去除发面的酸味，又可防止馒头发黄。

231. 煮饺子时有哪些注意事项？

（1）和饺子面时，每 500 克面粉加 1 个鸡蛋，可使蛋白质含量增多，煮时，蛋白质收缩凝固，饺子皮变得结实，不易粘连。

（2）水烧开后加入少量食盐，待盐溶解后再下饺子，直到煮熟，不用点水，不用翻动。水开时既不外溢，也不粘锅或连皮。

（3）水烧开后下入饺子，大火煮开后，改小火或点入凉水，这样可以防止饺子破皮。

（4）饺子煮熟后，先用笊篱把饺子捞入温开水中浸一下，再装盘，就不会粘在一起了。

（5）在煮饺子水烧开之前，先放入一些大葱尖，水开后再下饺子，这样煮出的饺子不易破皮，也不会粘连。

（6）想让饺子不破，又想让肉馅熟得快些，可以在水里加些醋。

232. 怎样煲出色泽澄清的高汤？

俗话说"唱戏的腔，厨师的汤"。菜讲究色、香、味、形，而汤同样有这方面的要求，那么，如何使煲出来的汤色泽澄清呢？主要有以下两种方法。

（1）提前浸泡　有些红色肉质原料内部含有血水，冷水浸泡可以使肉质变白，血水溶解在水中。

（2）冷水下锅　因为冷水下锅，肉中蛋白质和脂肪容易溶解在汤中，使汤味更鲜美。如果锅内水开时下锅，就会使原材料表皮快速收缩，内部物质不能排除，影响味道。

（3）小火慢煲　煲清汤时，要大火煲滚，小火煲成。原料下锅后，需大火快速煮沸，然后再小火慢煲，撇去浮沫即可。

233. 煲汤和炖汤的区别？

（1）炖汤是采用隔水加热法，把食材与清水放入炖盅内，盖上盅盖，置于一大锅内加热，锅内水量低于炖盅，以水沸时不溢进炖盅为宜。食用时汤和料一起食用。炖汤一般是用来炖补品。

（2）煲汤是用把原料放在锅中直接加热，这样可以使汤汁浓郁，食材久煮，味道和养分大部分都会渗入汤汁里，因此在食用时，都会把汤料捞起，先喝汤，再把汤料配以其他烹调方法重新制作，然后再食用。

234. 如何做好厨房的清洁卫生工作？

（1）厨房清洁的基本要求

①经常保持厨房内外的环境卫生，注意通风换气，及时清扫垃圾污物。若厨房门窗直接通向户外，要注意随时关好门窗和纱窗，保障安全；

②厨房家具、炊具、餐具要经常清洗、消毒；

③各种调料、鲜菜、鲜肉要妥善存放，防止串味变质；

④剩饭、剩菜应放在通风阴凉处，存放时间不要过长，食用前要重新加热。米袋、面袋要注意防潮。

（2）燃气灶具的清洁

①要做到及时清洁，随用随擦；

②做饭菜时若有糊汁、油污、汤汁粘到灶具上，要用抹布及时擦拭、清除；

③若燃气灶具上已积有许多污垢，可先用面汤、淘米水、清洁剂等泡洗后再清理，严重时可以借助清洁球、铲类等工具。

（3）炊具、餐具清洁卫生

①炊具、餐具应本着用时拿取、用后收放的原则，不乱堆砌，及时清洗；

②盘与盘放在一起，碗与碗放在一起，同类型的餐具按照大小及形状顺序放好，以免磕碰；

③根据餐具用途分别摆放，经常用的放在橱柜外面，伸手就能拿到，不经常用的放在里面，随用随拿；

④摆放餐具时应尊重雇主家的摆放习惯，避免你不在时，雇主不容易拿取使用；

⑤对于无油腻的，可以直接用清水冲洗，油腻较多的餐具可用热水和清洁剂浸泡洗净油腻；

⑥婴幼儿、病人、客人用过的碗筷，应煮沸消毒。洗涤的顺序应遵循小孩用的餐具单独洗，先洗不带油的、后洗带油的，先洗小件、后洗大件，先洗碗筷、后洗锅盆；

⑦烹饪后的油锅要及时清洗，可将油锅直接用淘米水、碱水或洗涤灵之类的去油剂浸泡刷洗，再用清水冲洗干净，也可以放些清水在锅内煮开趁热冲洗，刚炒完菜的油锅也可直接放在水龙头下，趁锅热放清水冲洗干净。

235. 如何做好餐厅的清洁卫生工作？

餐厅是一家人聚餐的主要场所，保持清洁卫生至关重要。

（1）保持地面清洁卫生，垃圾污物要及时打扫干净。

（2）桌面、椅子要每天擦拭，没有浮土；如果有桌布、椅套，上面不要有汤菜汁水的痕迹，如果原来就有，要用清洁剂、洗衣粉等清洗干净，保持地面、桌面、椅子整洁。

（3）用完的餐具、杯盏马上清洗，餐具放在厨房规定的位置，杯盏要倒置在适当的地方，防止进入灰尘等污物。

236. 如何做好卧室的清洁卫生工作？

（1）保持室内光线充足　打开窗帘或开灯，保持室内有良好的光线，方便工作。要开窗通风，保证空气流通。

（2）整理床和衣物　将脏床单及枕套收去，将衣物挂好或叠好，铺床，将物品安放整齐或放回原处。擦拭尘土由房门开始，按顺时针或逆时针方向擦尘。先把湿布叠好擦尘，从左而右，由上而下，最后用干布擦干。

237. 如何做好卫生间的清洁卫生工作？

（1）带工具进入卫生间，先开启排气扇或窗门，开启适量的电灯。

（2）观察整个卫生间有无特别情况或特别要留意的地方。

（3）清洁浴缸、浴帘及浴缸附近的墙身。

（4）擦浴室门及门框。

（5）擦电热水器外壳。

（6）清洁坐厕，将清洁剂倒入坐厕漂浸。

（7）清洁坐厕水箱。

（8）清洗洗手盆，擦洗、整理水池台面，擦镜子。

（9）清洁地面，吸尘或扫地，地面上如留有毛发，采用手取等方法予以清除。

（10）收集垃圾。

238. 洗衣服时要注意哪些事项？

（1）整理衣物　将清洗时容易伤害到其他衣物的拉链、钩扣等扣好。有破洞的地方要提前修补好。将口袋中的杂物掏干净。

（2）预洗　有油渍、不好清洗的污物要用清洁剂提前清洁。对于不熟悉面料的衣物要提前做好是否褪色测试。

（3）分类　颜色相同及洗衣程序相同的衣服各自归类清洗。

（4）浸泡　对于顽固性污渍，可以在浸泡前涂上洗涤剂去渍。然后把衣物放在装有洗涤剂的盆或洗衣桶中浸泡，放入衣物前要确定洗涤剂完全溶解。

（5）深浅颜色的衣服不要放在一起混合清洗，尤其是不要将白色衣服与其他有色衣物泡在一起。丝、羊毛、皮革、褪色或只能晾干、不能烘干的衣服不浸泡。

239. 熨烫衣服时要注意哪些事项？

（1）衣物要清洗干净，没有任何污渍。

（2）了解布料的品质和处理方法。

（3）掌握电熨斗的使用温度及方法。

（4）查看衣服上的熨衣指示，遵循熨衣指示进行熨烫。如果没有熨衣指示，要提前了解衣服面料种类，按照布料规定温度进行熨烫。

（5）将衣物按熨衣温度进行分类。

（6）按照熨烫衣服的顺序开始逐件熨烫。

（7）对于一些不能直接使用家用电熨斗熨烫的衣物，如羊绒大衣、纯毛西服等贵重衣物，在熨烫时可以加盖一层湿毛巾，防止大衣倒绒或起亮现象的发生。

240. 常用理发工具有哪些？

常用理发工具有电推子、剪刀、围布、梳子、掸发海绵、喷壶等。

（1）电推子一般分电池式和插电式两种（图7-3、图7-4）。

图7-3　电池式电推子　　　　　图7-4　插电式电推子

（2）剪刀分为平剪和牙剪（图7-5、图7-6）。

图7-5　平剪　　　　　　　　图7-6　牙剪

（3）围布和梳子（图7-7、图7-8）。

图7-7　围布　　　　　　　　图7-8　梳子

（4）掸发海绵和喷壶（图7-9、图7-10）。

图7-9 掸发海绵　　　　　　图7-10 喷壶

241. 电推子的使用维护有哪些注意事项？

（1）使用前用75%的酒精进行消毒，用后清除发渣。给有皮肤病者使用后，应放入紫外线消毒柜中进行消毒。

（2）清洁后可点一些润滑油进行保养。

（3）装卸卡尺时不要用力过猛，以免造成推齿损坏。

242. 剪刀的正确使用及维护应注意哪些问题？

（1）剪刀的正确握法，如图7-11所示：

图7-11 剪刀的正确握法

（2）使用后将发渣清理干净，可点一些润滑油进行保养。

（3）平剪在修剪发型结构时使用，牙剪能够起到减少发量，制造发型层次的作用。

（4）避免剪刀从高处掉下损坏剪刀。

243. 家政服务员为雇主家人提供理发服务时应注意什么？

（1）家政服务员为雇主家行动不便的老人或病人提供理发服务时，要熟悉服务对象情况，能根据其实际情况进行针对性服务。

（2）应在保证服务对象安全的前提下，以方便快捷为原则，让其采用躺卧或靠坐的姿势进行操作。

（3）应根据服务对象具体情况为其选择既方便打理又适合的发型，如男士寸发、光头，女士短发等。

（4）应根据服务对象实际情况做好理发前的准备工作。为男士理发前，准备好电推子并上好卡尺，准备好掸发海绵和梳子，为其围好围布；为女士理发前，根据情况选择剪发前洗头，或先用喷壶将头发喷湿，剪发后再洗头。

244. 男士寸发的理发步骤是什么？

（1）从前发际线左侧开始向头顶推掉多余头发，延发际线向后进行推剪。

（2）从后发际线向头顶进行推剪。

（3）从头部右侧发际线向头顶进行推剪。

（4）从前额发际线向头顶进行推剪。

（5）完成第一遍推剪后再按同样的方法进行第二遍推剪。

（6）修剪完后用掸发海绵清理面部和颈部碎发。

245. 女士短发的理发步骤是什么？

（1）分区　从头后底部到枕骨分为上下两部分。

（2）从后部中间位置垂直地面取竖发片，发片提拉 $90°$，剪刀切口 90°进行发型轮廓修剪。

（3）以修剪过的发片做引导进行头后部发型修剪。

（4）头顶部位 90°提拉发片，剪刀切口 90°进行修剪，使头顶蓬松。

（5）鬓角位置分上下两区，先把一侧边线修剪好，另一侧相同方法修剪。

（6）其余头发 90°提拉发片，剪刀切口 90°进行修剪。

（7）枕骨以上用牙剪将发尾修剪柔和。

（8）修剪完后用掸发海绵清理面部和颈部碎发。

第八章 快递员

一、职业素质

246. **快递员应具备的职业素养有哪些？**

（1）应具有良好的职业道德 快递员要有很强的责任心，遵纪守法，爱岗敬业，忠于职守，树立"客户至上"的服务意识。

（2）应具有良好的职业习惯 快递员要严格遵守快递行业业务规定，做好信件、报纸、杂志的保管工作，做好快件的登记，防止快件损毁或丢失。

（3）应具有良好的服务态度 快递员在工作中要以人为本，为人诚实、守信；应具有热情、周到、耐心的服务态度；仪表大方得体，注重礼仪礼节。

（4）应具有极强的时间观念 快递员应及时将快件送交客户手中，做事讲求效率，不拖沓。

（5）应具有良好的表达能力 快递员应具备与人沟通的能力，做到面对不同客户时会用多种方式交流与沟通。同时应要具备一定的英语口语交流能力。

（6）应具有良好的身体素质 快递员应身体健康，能够承受长期的户外工作强度。

247. 快递员应遵守哪些礼仪规范？

（1）仪容仪表 快递员在工作中要按规定统一着装，整体要干净整洁、大方得体。

（2）行为举止　快递员在工作中要举止文明，保持微笑服务。

（3）语言表达　快递员在收、送件或接打电话时要注意用语礼貌、得体。例如："您好，我是××快递公司的快递员，请问您是×女士吗？您的快件到了，现在能给您送达吗？"做到与客户讲话要有耐心。

248. 快递员的岗位职责有哪些？

（1）快递员要将负责区域内的物品送达并将货款及时收回。

（2）快递员要严格执行业务操作流程，准时送达物品，指导客户填写相关资料并及时取回。

（3）快递员要及时整理并递交相关业务单据和资料。

（4）快递员在负责收取、派送快件工作时，要确保客户及时无误收、发货件。

（5）在提高服务质量的前提下，快递员应扩大本区域取派件业务量，积极开发客户资源。

（6）每位快递员要对自己负责派送区域内的客户负责，对公司所配的车辆做好保管、保养及维护，在派送过程中要遵守交通安全法规。

249. 快递员应具备的知识和技能有哪些？

（1）作为快递员应该已考取驾照，或者会驾驶电瓶车、摩托车等交通工具。

（2）快递员必须熟悉自己负责派送的区域环境。

（3）快递员对禁限物品要有识别能力。

（4）快递员必须知晓不同国家的禁限物品范围。

（5）快递员要熟悉国内各省的简称、省会城市的简称以及主要城市的名称、区号、邮编，以此来确定快件属于哪个省。

（6）快递员要熟悉世界各国国家及首都名称、主要城市名称及航空代码，以此来确定国际快件来自于哪里或者要发往哪里。

（7）快递员要有对不同快件（易碎等）的包装技术。

250. 如果想成为一名快递员，面试时如何进行自我介绍？

（1）介绍自己的个人情况：姓名、年龄、学历、身体素质、工作经历等。

（2）介绍自己的个性优势：为人诚信、工作态度认真、踏实、负责，能吃苦、不怕累等。

（3）介绍自己服务方面的工作经验。

（4）表明对所在城市交通的熟悉程度。

（5）要表明为什么进这家快递公司，同时表明有能力做好这项工作。

二、取件

251. 取件前，快递员应做好哪些准备工作？

（1）确保通讯工具畅通、交通工具的状态良好。

（2）确认工作证件、驾驶证件、车辆证件携带齐全。

（3）确认面单、封装物、胶带、电子称、工具刀等物品齐备，同时要将价目表、发票等准备齐全。

（4）调整好自己的工作状态，注意个人仪容仪表。

（5）至客户处将交通工具停放妥当，做到不违章、不影响他人。

252. 快递员上门取件的工作流程是什么？

（1）快递员要注意个人形象，进门前先整理好个人仪表。

（2）快递员进门后主动表明身份，并出示相关证件，要注意语言得体，举止文明。

（3）快递员将货物进行合理包装、称重后告知客户所需费用并代收。

（4）快递员指导客户填写快递单并核实无误后返回快递公司。

三、送件

253. 快件派送中有哪些职业规范？

（1）根据快件属性、目的地、时效等要求，合理安排派送顺序。

（2）所有的快件都必须先致电收件人，由双方共同决定接件方式后再派送。

（3）在保证安全的情况下，快速到达目的地，妥善放置交通工具后将快件第一时间送到客户手中。

（4）如果在就近区域内，每次致电3个收件人，让收件人提前做好准备。致电后，快递员要在30分钟内将快件送到客户手中。

254. 如果客户需要将快件送至家中，快递员应注意哪些事项？

（1）准确核实客户的身份和家庭住址后再前往派送。

（2）进门前先整理好个人仪表。

（3）进门后主动表明身份，并出示相关证件。

（4）将快件递到客户手中时注意语言文明，举止礼貌。

255. 快递员送货过程中如果遇到蛮不讲理的客户怎么办？

快递员在遇到刁蛮不讲理的客户时，需要与客户认真、耐心地沟通。此时，快递员要站在客户的角度去帮他（她）分析问题的根源，帮其理顺思路，在不损害公司利益的情况下尽量帮其解决问题，争得对方理解与体谅，问题定会迎刃而解。

256. 无法正常投递的快件应该如何处理？

对无法正常签收的快件做好登记，安全运回处理点妥善保存，由快件处理人员处理。具体如下：

（1）首次投递不成功，工作人员应主动联系收件人，确认再次投递时间和地址。

（2）再次投递不成功，可告知公司地址和工作时间通知客户自取，若客户仍需要投递的，应告知额外费用。

（3）对于联系不上收件人和发件人的快件，除了不易保存的快件外，在妥善保存 3 个月后，可按相关规定处置快件。

257. 将快件交付给收件人指定的收货方后，快递员要做好什么？

（1）要确认收货方的信息，主要是电话号码（或者身份证）。

（2）展示快件外包装无损坏的情况下，应当让收件人先签收，再当面验货。

（3）如果派送过程中快件外包装有损坏，快递员应当首先致电寄件人告知此情况，然后根据快件的重量和快递单上的物品记录，由收件方先验货再签收。

（4）签收完毕，如果是陌生的收件人要递交上一份名片，为拓宽客户量做准备。

258. 在快件签收时，快递员要注意哪些细节？

快件签收是快递员工作的一个重要环节，在快件签收时，快递员要注意以下几点：

（1）快递员要核实客户或者客户委托人的有效身份，确认无误后再做快件的签收工作。

（2）快递员要提示客户检查外包装是否完好，对于外包装破损的快件，应礼貌做好解释，并根据公司要求，做好拒收或者查验处理工作。

（3）对于到付或者代收货款的快件，快递员一定要记得向客户收取相关费用，并开好相关票据。

（4）派件员在运单上填写自己的工号或姓名，并指导客户在指定的位置签字；如果是电子签收的快件，则请客户在签收设备上签字。

259. 快件被签收后，快递员要做好什么？

（1）快递员首先要做好交接工作，将正常签收的快件签收回单交给公司相关工作人员，涉及费用的一并上交。

（2）如果有扫描工具的快递员应立即对快件签收信息进行上传，并将运单签收联妥善保存。

260. 快件派送后要注意哪些规范？

（1）首先要做好盘点工作　派送前后快递单子总数目要一致，未派送的单子要和遗留快件一一对应；已派送的单子要全部签字；所有需要收取费用的单子要与账单相符。对于一些在派送过程中收取的快件，要准确称重并收取费用，给对方留下寄件联，并告知其大致到件的时间。

（2）其次要上交材料　将当天派送完的所有已签收的单子全部上交；如遇有问题件也要一起上交，问题件要放在指定的地方，以便于跟踪处理。未来得及派送的单子也要上交，货物可以放在车上不卸下来，第二天继续派送。当天收到的货款要核算清楚全部上交，做到每天一清算。快递员要在所有已经签收的单子上写下自己的名字，便于后续问题追查。当天收到的快件和货款要单独放置，并且当天要及时上交。

261. **经客户同意放到临时接收点的快件丢失后，快递员接到客户的质问电话时应该怎样做？**

首先，快递员要立即联系临时接收点的负责人了解情况并帮助寻找快件。

其次，如实向客户反馈快件的情况。在和客户沟通时要做到态度端正、用语礼貌。

262. **在快件交接过程中快递员应注意什么问题？**

（1）快递员在领取属于自己派送范围内的快件时，要与处理快件的工作人员当面确认运输方式。

（2）快递员要认真检查快件，核对是否有外包装破损、超范围、地址错误或不详、件数有误、到付价格有异等问题的快件，并及时交与相关工作人员处理。

（3）快递员要与相关工作人员确认快件的数量，利用扫描工具，逐个对快件进行扫描。

四、快件的分拣

263. **什么是快件分拣？**

快件分拣是将物品按照顾客的订单要求、品种、出入库先后顺序或配送计划等进行迅速、准确地从其储位或其他区位拣取出来，并按一定的方式进行分类、集中的作业过程。是完善送货、支持送货的准备性工作，是不同配送企业在送货时进行竞争和提高自身经济效益的必然延伸。所以，也可以说分拣是送货向高级形式发展的必然要求。

264. **什么是订单别拣取？**

订单别拣取是分拣人员针对每一份订单，按照订单所列商品与数量，将商品从存储区或分拣区快速地拣取出来，然后集中放在一起的拣货方式。

订单别拣取的方法很简单，作业人员的责任非常明确。接到订单后就可立即拣取，但是商品种类和数量较多时，作业人员在拣货时行走路径会加长，导致拣取效率降低。因此，订单别拣取适合订单大小差异较大，订单数量变化频繁，商品差异较大的情况，如：百货、化妆品、家具、高级服饰、电器等。

265. 什么是批量拣取？

批量拣取是把多张订单集合成一批，按照商品的品种和类别汇总后再进行拣货，然后根据不同客户或不同订单分类集中的拣货方式。

批量拣取能够缩短拣取商品时的行走时间，增加单位时间内的拣货量。因为需要累计订单到一定数量时，才做一次性的拣取，所以，容易产生停滞时间。批量拣取适合订单变化较小，订单数量稳定，外型较规则的固定的商品，有利于提高拣取效率。

266. 什么是复合拣取？

复合拣取是指将订单别拣取和批量拣取组合起来的一种拣取方式。是根据订单的品种、数量以及出库频率，确定哪些适合于订单别拣取，哪些适合于批量拣取，从而采取不同的拣取方式来拣货。

267. 无自动化设备的快递公司如何完成分拣这道工序？

部分快递公司因规模小、走货量少、场地不足、资金短缺等各种原因没有自动化分拣设备，那么分拣的任务就得由人工的方式来完成。一般情况下是一级一级地来分拣。主要按照区域，根据客户的地址、信息来完成。

268. 有自动化设备的快递公司如何完成分拣这道工序？

（1）快件经过扫描入库后，按文件和货物进行分类操作。

（2）文件在文件区操作，大件货物上流水线做装车扫描，直接上支线网络车。对于不能及时装车的货物，要整齐摆放在规定区域内，不得乱摆乱放，等到装车时进行一票一扫描一装车，不得出现快件集中扫描再装车的现象。

（3）由专职建包人员将多个小包裹进行建包操作，并填写好完整包签。不能建包的快件做单件扫描直接装车，扫一件上一件，确保实际发货数与扫描数量一致。如果建的包很多，那就直接上拖板，然后再上飞机或火车等，但无论是哪种方式的快递，都要确保实际发货数与扫描数量一致。

（4）装车过程中一定要将货物摆放整齐，遵循"大不压小，重不压轻"的原则，对中途需要停靠的网络车，要按照下货的次序进行装货。

（5）在分拣过程中，分拣中心现场操作人员及营业部支线随车人员、发运航空（大巴或铁路）的发货随车人员必须全程参与操作，互相监督，完成交接工作。

（6）在分拣过程中，遇到各类问题件，要由专人负责登记并拍照，然后直接将货物送到分拣中心的营业部，将问题件当场退回。不能直接退回的，事后再由网上申报，由客服人员按照规定程序上报。

269. 快递员在收取快件后如何进行分拣？

收到快件后，快递员要将快件按种类、出入库先后顺序进行分门别类地堆放作业。首先以省份进行封发，到达下一个处理中心后，再以地级市进行封发，然后按投递局进行分拣封发。

270. 快递员在派送快件前如何进行分拣？

快递员应熟知各快件中转路由，在分拣操作时必须认真按运单上书写的地址、邮编、电话区号为依据进行分拣。

五、安全

271. 快递员在取、送件过程中怎样做到行车安全？

快递员在取、送件过程中要严格遵守交通法规，不超速、不闯红灯、不逆向行驶，不随意横穿马路。行车时注意行人，遇到阳光强烈的天气要带好太阳镜。在驾驶任何车辆时都不穿拖鞋。夏季阳光强烈，路上要注意躲避打遮阳伞的行人。

272. 快递员利用非机动车收派快件时要注意哪些事项？

（1）在快件收派过程中，快递员不得将快件交由他人捎带，不乱扔乱放，不许他人翻阅。

（2）进入单位或居民区内，快递员应将车辆及快件放到不妨碍行人及其他车辆通过的地方，入户送件时应将车辆上锁。

（3）快递员在收派快件时，不得出入与工作无关的场所。

（4）如遇雨雪天气应准备好防水防冻物品。

（5）派送时，快递员要将快件捆扎牢固。

273. 快递员利用机动车收派快件时要注意哪些事项？

快递员要严格遵守道路交通安全法规，不闯红灯，不超速，不疲劳驾驶，不赌气开车，不酒后驾车。冬季行车注意防滑防冻，夏季要经常检查胎压。注意预防逆光带来的炫目，应佩戴太阳镜。夏季开车不宜长时间开空调，不宜穿拖鞋开车。

摩托车装快件的容器应加装安全锁，派送车后厢玻璃窗应有安全防护措施。机动车递送快件时要将车辆放在适当的位置（视线可及的范围内且不妨碍他人交通）。

274. 快递员如何保证快件的安全？

快递员在收、发快件过程中要注意快递车辆必须有安全锁，快递员上楼送货时确保车辆上锁；快件进出必须有明确的交接手续；快件不得随意丢来扔去，要轻拿轻放，不得有"抛、摔、踩、踢、坐"等现象的发生。

275. 快递员如何保障快件信息的安全？

（1）快递员不得私自抄录或向他人泄露寄件人的相关信息。

（2）快递员不得允许非工作人员进入快件处理场所。

（3）快递员严禁将快件私自带到与工作无关的场所，或者将快件让他人暂时保管。

（4）除指定的工作人员外，快递员不得在快件处理的任何一个环节翻阅快件信息。

276. 快递员如何保障自身的人身安全？

（1）快递员要严格遵守道路交通安全的规章制度，坚决杜绝酒后驾车和疲劳驾驶及任何情况的违章行驶。

（2）快递员要避免因违规操作而导致的人员事故或人身伤害。

（3）工作期间无论发生任何程度的事故或伤害，快递员都必须及时向上级报告，以获得及时的援助或处理。

（4）在突然遇到抢劫或者攻击时，快递员一定要保持镇定，根据实际情况灵活应对，保证自身人身安全。

主要参考文献

曹晓川，2005. 瓦工基本技能［M］. 北京：中国劳动社会保障出版社.

陈莉平，何建军，2017. 社区保安［M］. 北京：中国劳动社会保障出版社.

陈乃法，吴梅，2008. 饭店前厅客房服务与管理［M］. 北京：高等教育出版社.

陈雁，2010. 防水工基本技能［M］. 2 版. 北京：中国劳动社会保障出版社.

陈沅江，吴超，杨承祥，2005. 社区保安［M］. 北京：中国劳动社会保障出版社.

单慧芳，李艳，2009. 餐饮服务与管理［M］. 北京：中国铁道出版社.

劳动和社会保障部中国就业培训技术指导中心，2001. 餐厅服务员［M］. 北京：中国劳动社会保障出版社.

刘吉勋，2010. 装饰镶贴工基本技能［M］. 北京：中国劳动社会保障出版社.

马水学，艾小雄，2016. 家政服务员从入门到精通［M］. 北京：化学工业出版社.

人力资源和社会保障部教材办公室，2011. 防水工［M］. 2 版. 北京：中国劳动社会保障出版社.

滕宝红，李建华，2009. 保安员技能手册［M］. 北京：人民邮电出版社.

杨飞，黄河，2000. 家政服务员入门［M］. 北京：化学工业出版社.

叶韶娟，林文青，霍思敏，等，2013. 收银员基本技能［M］. 北京：中国劳动社会保障出版社.

余启银，2009. 保安员［M］. 湖北：湖北科学技术出版社.

周海涛，2012. 装饰涂裱工基本技能［M］. 北京：中国劳动社会保障出版社.

周申磊，2013. 超市收银员［M］. 北京：中国劳动社会保障出版社.

朱林森，2000. 客房服务员［M］. 北京：中国劳动社会保障出版社.

附　　录

附录一　图纸幅面及格式

国标中规定了五种标准图纸的幅面，其代号分别为 A0、A1、A2、A3、A4，见附表 1、附图 1。

附表 1　图纸幅面及边框尺寸

毫米

幅面代号		A0	A1	A2	A3	A4
幅面尺寸	B×L	841×1 189	594×841	420×594	297×420	210×297
边框尺寸	a	25				
	c	10			5	
	e	20		10		

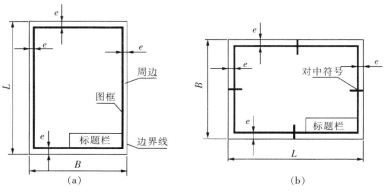

(a)　　　　　　　　　　　　(b)

附图 1　图框格式与标题栏

附录二　制图工具

常用的制图工具有：图板、丁字尺、三角板、圆规、分规、比例尺、曲线板、擦图片、绘图铅笔、绘图橡皮、胶带纸、削笔刀等。正确使用制图工具是一名工程技术人员必备的基本素质。

附录三　三视图的形成与投影规律

一般情况下，一个视图不能确定物体的形状。工程上常用的是三视图。三投影面体系形成三视图。

（1）三投影面体系的建立　三投影面体系由三个互相垂直的投影面所组成，如附图 3 所示。

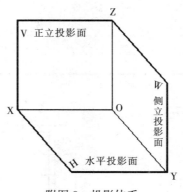

附图 3　投影体系

①正立投影面：简称为正面，用 V 表示；

②水平投影面：简称为水平面，用 H 表示；

③侧立投影面：简称为侧面，用 W 表示。

三个投影面的相互交线，称为投影轴。它们分别是：①OX

轴，是 V 面和 H 面的交线，它代表长度方向；②OY 轴，是 H 面和 W 面的交线，它代表宽度方向；③OZ 轴，是 V 面和 W 面的交线，它代表高度方向；三个投影轴垂直相交的交点 O，称为原点。

（2）三视图的形成　将物体放在三投影面体系中，如附图 4 所示，三个视图分别为：

①主视图，从前往后进行投影，在正立投影面（V 面）上所得到的视图；

②俯视图，从上往下进行投影，在水平投影面（H 面）上所得到的视图；

③左视图，从前往后进行投影，在侧立投影面（W 面）上所得到的视图。

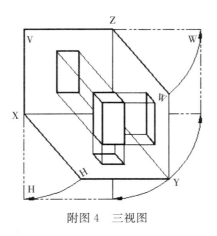

附图 4　三视图

（3）三投影面体系的展开，如附图 5。

（4）三视图的投影规律是：主、俯视图"长对正"（即等长）；主、左视图"高平齐"（即等高）；俯、左视图"宽相等"（即等宽）（附图 6）。

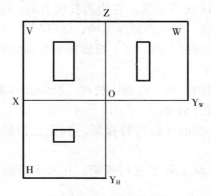

附图 5 三投影面展开

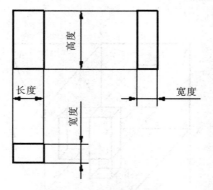

附图 6 三视图投影规律